U0595012

花开彼岸

我们在美国读中学

FindingSchool 编著

朝華出版社
BLOSSOM PRESS

图书在版编目（CIP）数据

花开彼岸：我们在美国读中学 / FindingSchool 编
创团队编著 . — 北京：朝华出版社，2016.6（2016.12 重印）
ISBN 978-7-5054-3816-3

Ⅰ.①花… Ⅱ.① F… Ⅲ.①中学教育－留学生教育
－概况－美国 Ⅳ.① G639.712.8

中国版本图书馆 CIP 数据核字 (2016) 第 141362 号

花开彼岸：我们在美国读中学

作　　者	FindingSchool 编创团队
选题策划	史诗娆
责任编辑	赵倩
特约编辑	李丹
责任印制	张文东　陆竞赢
封面设计	王一竹

出版发行	朝华出版社
社　　址	北京市西城区百万庄大街 24 号　邮政编码　100037
订购电话	（010）68413840　68996050
传　　真	（010）88415258（发行部）
联系版权	j-yn@163.com
网　　址	www.blossompress.com.cn
印　　刷	北京文昌阁彩色印刷有限责任公司
经　　销	全国新华书店
开　　本	889mm×1194mm　1/32　　字　　数　137 千字
印　　张	7.75
版　　次	2016 年 7 月第 1 版　2016 年 12 月第 2 次印刷
装　　别	平
书　　号	ISBN 978-7-5054-3816-3
定　　价	34.80 元

版权所有　翻印必究·印装有误　负责调换

目录
Contents

CHAPTER 6

慈母手中线，游子身上衣

CHAPTER 7

美国中学老师想对中高家庭说

花开彼岸
——我们在美国读中学

前 言

美国私立中学到底好在哪里,值不值得去?

怎么样才能把孩子送去顶级的美国私立中学?

　　这是关注美国低龄留学(即在大学前留学)的人必然要问的两个问题。目前国内低龄留学现象方兴未艾,关注美国基础教育的人也越来越多。下定决心把这么小的孩子送出去读书,必定是相信美国的基础教育是优秀的,并且适合孩子的。那么美国私立中学的优势到底在哪儿?这个问题涉及中美两国在中学教育阶段的核心差异。或许大家都或多或少地听到过一些答案,我觉得简单来说,可以从耳熟能详的五个点出发来概括:德、智、体、美、劳。在中国,基本上是以智(学习)为主,其他为辅;而在美国,德是底线,五项齐头并进,实现了真正意义上的全面发展。

　　2010 年,为了让中国民众更加了解美国私立中学的资讯,打破信息不对称,我在美国教育之都波士顿创建了 FindingSchool 海外低龄教育信息共享平台。网站建立的契机是一次偶然的对美国私立高中的参观。那是 2009 年的暑假，我陪一位朋友去他孩子的学校，孩子刚刚进入圣保罗中学（St. Paul's School）。已在波士顿生活了 8 年的我知道，波士顿所在的新英格兰地区（New England Region）有很多世界顶级大学，如哈佛大学、麻省理工学院等，但是对私立中学并不了解，抱着去看看的心态，我和朋友驱车两小时到了位于新罕布什尔州的学校。

一踏入校园，我就被眼前的景象惊呆了。

学校坐落在一片大约 2000 英亩（1 英亩约等于 4047 平方米）的丛林里，红砖楼、绿茵地，各类教学和体育设施齐全，和我想象中的中学太不一样。尤其是当我了解到这所学校只有约 500 名学生却有 100 多位老师的时候，只能惊叹于美国人均教育资源的丰富。

和朋友聊起来，他说虽然孩子已经被录取了，但对这所学校还不是非常了解，也正是因为不了解，在申请过程中走了许多弯路。其实，同样非常重视教育的日本和韩国，在 20 世纪七八十年代也出现过去美国私立中学读书的高峰（现在韩国学生的人数在国际生中仍占较大比例）。近年来，随着中国经济的发展和中国家长教育眼界的开阔，越来越多的中国家庭也开始尝试选择这条路。把这么小的孩子送去大洋彼岸，接受完全不一样的文化教育，不能不说是一条非常艰辛的路，也是一条很难回头的路。那么，有着留学经历的我，身处教育资源最为集中的波士顿，能够为中国家庭做些什么呢？

在这一动机的驱使下，我决定做个网站，架起一座桥梁，让中国家庭更好地了解美国的低龄教育资源，同时也给美国学校接触中国家庭打开一个窗口。就这样，FindingSchool 在 2010 年上线了。

一路走来，我始终坚持着做 FindingSchool 的初衷，在与越来越多家庭沟通的过程中也意识到，是时候系统地来聊聊究竟中美两国的中学教育有什么质和量上的不同了。

【德】

德的一方面是诚信。美国以诚信立国，一个人如果诚信方面有污点，后果非常严重，很多时候当事人诚信问题的严重性甚至超过了事情本身的影响，校园作为社会的有机组成部分也不例外。美国私立中学对未成年学生的德育是非常重视而且到位的。一个孩子如果智不出色，但是德很优秀，一样会得到学校、老师和同学的尊重；但如果在道德方面有缺失，这个孩子面临的只有一条路——被劝退。这几年，在美国的中国低龄孩子由于德的原因被劝退或者勒令转学的案例越来越多。

私立中学在德育方面不会有半点马虎和纵容。

6年级就来美国念初中的上海孩子威廉（Williams）告诉我，很多中国孩子不懂学术的严谨性，写论文时引用他人文章却不注明出处，因此被认为是抄袭，严重的甚至会被勒令退学。有一次，他在一门课的论文里引用自己为另一门课写的论文，但没有注明，因而被老师警告，还差一点记过。美国初中就有如此严格的论文规范，学生从小接受这种观念和训练，难怪知识产权在美国如此深入人心。

德就是底线，任何人都不能以身试法。德在美国的社会价值体系中比其他因素要重要得多。

德的另一方面是素养。很多美国私立初中都坐落在偏远的乡村，环境优美。大多数私立高中的老师很优秀，拥有高学历，65% 以上有硕士及以上学位，而且相当大一部分毕业于常春藤盟校。他们把教书当成毕生事业，对学生一视同仁，将其视为平等的个体。这种对教学的热爱和对人的尊重，本身极富感染力和说服力，不需要讲大道理，言传身教的德育已经让学生发自内心地认同和尊重他们，并以他们作为人生的榜样。

【智】

中国民间有一句口号"学好数理化，走遍天下都不怕"，强调的是理科的重要性，原因很简单：好找工作，能多赚钱。而在美国，私立中学却非常重视文科（不过美国校园没有文理这样的分类），如历史、文学、语言、哲学等人文学科。

人文学科和数理化最大的不同是没有标准或者唯一的答案，这样有利于培养学生的批判思维。著名的哈克尼斯圆桌教学法（Harkness Table），是一种在没有标准答案束缚之下引经据典、相互讨论的学习方式。这种学习方式对绝大多数中国学生是一个挑战，因为没有标准答案，需要大量的课堂参与和课外独立思考（美国很多课程给分都是要考虑课程差异的）。对于孩子而言，这能让他们成年后避免非黑即白的二元对立思维，养成尊重差异的多元化思维。多元化也是美国教育乃至整个美国社会的一个基石。或许和基督教中的忏悔和反思有关，美国文化中有很强的自我反省成分。在美国学习生活了17年的我深深体会到：美国人每时每刻都在反思自己的错误，以便让自己以后做得更好。

理工课程其实更是美国中学的强项，尤其是最近几年美国中学对STEM（科学、技术、工程、数学的教育）学科更加重视，投入巨资修建大楼、配备3D打印机和生物实验室等，比如位于波士顿南郊的圣马克学校（St. Mark's School）新修建的STEM大楼，花了近1500万美元。

很多中国人认为中国学生的数理化水平要比美国学生高很多，这其实是一个很大的误区。中国的教育强调死记硬背、套用公式，而美国私立中学的课程是有梯度的，强调对每个学生的培养。美国中学师生比例合理，平均一名老师管理六名学生，每一名学生都会有合适的课程和相应的辅导，可以最大程度地发掘学生的潜力，尊重学生的兴趣。美国高中和当地大学还有不少学术交流。有一次我跟波士顿大学的一位生物学博士参观周边的私立学校，看完走廊墙上的学术简报后，他说有些高二、高三学生的学术水平和项目质量已经达到了研究生水平。

在美国私立中学上学，每一名学生都有一条属于自己的跑道，可以按照自己的节奏去跑。而在中国只有两条道——慢车道和快车道，所有的学生都挤在这两条道上。

【体】

体育是美国校园文化非常重要的组成部分。

美国大学的很多学生毕业后仍会非常关注母校球队的联赛成绩，甚至专门飞回母校看比赛，为母校球队喝彩和呐喊。相比之下，人数更少、校园面积更小的美国私立中学，其体育设施之丰富、竞技水平之高、联盟比赛之专业，是很多刚到美国的中国学生不敢想象的。比如马萨诸塞州中部的威利斯顿·诺塞普顿中学（Williston Northampton School），这个中等规模的私立高中（学校人数 400 人左右），就建有室内游泳馆、冰球馆、网球场、室外足球场等，人均资源极其丰富，竞技水平很高，校内的体育氛围也非常浓厚。每天下午 2 点后都会有 3 小时的运动时间，学生可以全身心投入到体育活动中。来自上海的一名学生从最初跑几步就气喘吁吁到现在一口气跑 3 公里，一个多月体重减了 5 千克。他妈妈说光这点就让她觉得去美国读高中很值。

美国私立中学崇尚"玩得好、学得更好"（ Play Hard, Study Harder ）的精神。中国学生贾斯汀（ Justin ）说中美体育课的最大区别是，在中国一天 24 小时想着学习，体育只是陪衬；在美国，学习和体育完全分开，两者都需要百分之百投入。Justin 的原话是"学习的时候不会去想体育，体育的时候不会去想学习"。

体育活动除了能锻炼身体外，还能培养团队精神和集体荣誉感。美国私立中学对体育的重视不是喊喊口号或者写些空洞的文字，而是反映在点点滴滴的实际行动中。每一所学校都以自己的球队为荣，保留着每一届校队的照片，有些甚至是 100 多年前的。从这些泛黄的老照片中，可以深深感受到美国中学对历史的尊重和对传统的继承。如果你有机会去美国校园参观，千万不要错过学校的照片墙。

【美】

与体育课相比，国内中学的美育教育更加形同虚设。

在大部分中国学校，艺术创造没有实际意义，不计入学生总成绩。但在美国，对艺术创作的重视程度之高令人咋舌，不论是硬件还是软件都有极高水平，比如一般学校都拥有可以容纳 300 多人的圆形剧场、独立乐队、绘画室和与之相配的顶尖师资。让我真正对美国私立中学的美育肃然起敬的是，我发现他们对工艺课程都非常重视。比如陶艺（Ceramics）课程，因其较强的动手性和创造性，是很多私立学校的标配，很受学生欢迎。一些学校还会开设有特色的课程，比如木匠课程，让学生动手做椅子和桌子等，这对那些从小在城市长大、动手能力不足的学生来说，本身就是一个挑战和认识自我的机会。

【劳】

美国私立中学注重培养学生与外部世界交往的能力，与中国学校不同，不会把孩子局限在一个圈子里，两耳不闻窗外事，一心只读圣贤书。他们鼓励孩子融入社会，将所学知识应用于社会，在融入社会的过程中不断完善自己，从而成为更加成熟的公民。

　　因此，美国中学为学生提供多种多样的社会实践机会，比如去墨西哥、古巴或者非洲一些地区支教，去热带雨林、沙漠等地考察环境，去博物馆实习等。美国中学有三个假期——春假、暑假、圣诞新年假期，学生有足够多的时间去各地实践，去与当地人交流和生活，跳出自己平时的生活圈子，扩宽眼界，不仅读万卷书，更行万里路。这也是美国中学生普遍比国内中学生成熟的重要原因之一。

　　几年美国私立中学的历练，可以从德、智、体、美、劳五个方面把一个学生塑造成一个全面发展的人："德"能使他坚守做人底线并培养人格魅力；"智"能使他发挥潜能并不断学习；"体"能使他拥有强健的体魄并培养团队精神；"美"能使他变得更有情趣，善于发现自然界及社会生活中美好的事物；"劳"能使他深刻认识到自己是社会的一员并更好地回馈社会。五个方面缺一不可。

The school strives to help young people achieve their potential not only intellectually, but also artistically, athletically and morally, so that they may lead responsible and fulfilling lives.

　　这句话出自顶级私立高中安多佛菲利普斯安多佛（Phillips Academy Andover）的教学职责（Statement of Purpose），指明了私立中学的教学精神：不仅致力于帮助年轻人挖掘其在智力、艺术、运动和道德上的潜力，更帮助他们过上有责任感和成就感的生活。

孩子渐行渐远的背后，是家长无尽的顾虑和担忧。无论前路是鲜花还是荆棘，这都将是一条不能反悔的路，一条一定要坚持走下去的路。同时家长也要认识到，低龄留学带来的不仅仅是学业上的改变，更是生活态度的改变。孩子将面对全方位的挑战，需要家长的时刻鼓励。孩子去到大洋彼岸，不仅面临别样的德智体美劳并重的校园生活，同时也要适应全新的校外生活。

美国私立学校分为寄宿学校和走读学校，两者的不同之处在于，寄宿学校为学生提供住宿，而走读学校需要寄住在寄宿家庭中。

一、生活起居

寄宿学校（Boarding School）作为一种学校模式，1763 年创始于马萨诸塞州的伽文纳中学（The Governor's Academy），在北美大陆已有 250 多年的历史。一般来说，寄宿学校会有意识地招收不同文化背景的学生，把多元化和国际化带入校园。有了 200 多年的经验积累，大多数寄宿学校在国际学生管理（生活起居、学业辅导、家长沟通）等方面非常成熟。

学校一般会特意安排国际生和本地学生住在一个寝室，让国际生有更多机会用英文交流，更快地了解当地文化，适应当地环境。此外，很多学校会要求一周至少一次正式晚宴（sit-down meal），即让国际生和本地师生随机就座，帮助国际生认识新朋友。其实每个在海外的人，都容易与来自同一个国家的人扎堆，这很容易理解。只是在封闭的私立中学里，学校尽最大可能让国际生更好地融入校园，和本地学生交流。学校食堂也经常会做一些其他国家的特色菜，虽然绝大多数并不正宗，但学校的态度还是让国际生从内心深处感到欣慰。

走读学校（Day School）不提供住宿，学生需要借住在寄宿家庭。对于大部分学生来说，这是比学业更难的一项挑战。寄宿家庭是通过一定的审核挑选出来的，具备接收国际生的资质，但当处于青春期的学生碰上文化背景迥异的寄宿家庭"父母"，肯定会存在一定的摩擦。一个人远离父母在外生活，遇到问题后没有人可以倾诉和依靠，需要学生独立面对并解决问题。学会与寄宿家庭沟通并自我调节，对很多成年人来说都是问题，何况是对一个才十几岁的未成年孩子。因此，就读走读学校之前，需要家长先考察好寄宿家庭（建议亲自去美国看看），并且让孩子学会如何捍卫自身权益。

二、学业

很多亚洲国家和地区的学生接受的是自上而下的灌输式教育，而美国实行的是讨论式教育。因此，对大部分中国学生来说，适应美国的教育是一个非常大的挑战，比如课堂交流方式、课堂陈述方式、论文写作方式等。一般来说，需要3~6个月的适应期。

在这里有必要澄清一个误解：中国式教育强化训练下的标化高分英语，不一定是实际的高水平英语。中国很多英语高分学生到美国后仍然无法用英语交流，必须从头学起，这就需要学校提供帮助。美国的私立中学大多会有不同层次的 ESL（English as a Second Language，以英语为第二语言）课程，为国际生提供语言帮助。不少学校还会让本地学生对国际生进行一对一学习辅导，老师常常为了帮助国际生延长工作时间。

在寄宿学校里，老师往往会同时担任多种角色，比如上午是数学老师，下午就变成了足球教练，晚饭过后又变成了寝室家长（dorm parent）。4 年以后，师生之间积累起非常深厚的情谊，这是国际生人生中的一大财富。

中美两国相距遥远，因此学校会尽量在沟通上做得更好，让学校、学生和家长三方交流更顺畅。比如学校会给每个学生指定一名导师，解决学生从学业到心理的各种问题，导师也会定期跟家长沟通，分享孩子的成长。学校还会举办家长会（parent meeting），家长一定要去参加，即使 4 年中只能出席一次，也是一种对学校事务的重视和对孩子成长的见证。现在也有学校会主动去中国与家长见面，介绍学校的发展和孩子的动向。

有欢笑也有泪水，有严格底线也有宽松友爱，这就是美国私立中学的学习和生活状态。

不得不承认，目前低龄留学行业比较混乱，还有很长的路要走。而当务之急是进一步规范和提高行业标准，关键是平衡好商业和公益的关系。纵观市场，目前还没有一个可以传播申高家庭声音的顺畅渠道，让美高学生的真实生活经验为大众所知。因为坚信教育是一辈子的事情，绝对马虎不得，所以我们从不鼓吹去美国读中学有多好，也不承诺任何人去了都可以适应。我们只想将真实的美高生活的方方面面完整而客观地呈现出来。这本书因此面世了，希望它可以作为 Findingschool.net 这个低龄教育资源网站的延续，分享美高家庭的泪水、欢笑和成长。不管您是否决定去美国读中学，读完都会有所收获。

特别感谢本书写作期间一直给予我支持和帮助的美高留学家庭。最后引用一位家长的话：去美国读中学就是自找苦吃并乐在其中。

你们准备好了吗？

（作者：张溪）

花开彼岸
——我们在美国读中学

第一章

进入美高
不是终点，而是起点

这是一场持久的战役，从踏上申请之路的那一刻起，他们就已经选择成为一名战士。

　　这是一场持久的战役。开启申请的那一步起，这些不过十四五岁的孩子就已经选择了成为战士。

　　"选择出国读初高中的肯定是些不学无术的富二代，出国就是享受"的想法已经过时了。不排除有这样的人存在，但是对大部分人来说，出国这条路并不好走：从学校的挑选、顾问的选择、对孩子与学校匹配度的挖掘，到考试、提交申请材料、面试、等待录取结果等，每一步都需要付出极多精力。好学校的录取率是在2%～3%徘徊，美国私立中学在中国招生的标准越来越严苛，顶尖学校的托福录取平均分甚至超过110分（满分120分），除此之外，还需要提供SSAT成绩、在校成绩、推荐信、文书和代表个人特质等资料，并且在提交申请后接受面试（很多家庭会去美国面试）。同时，还不能落下中国学校的课程。大部分申请者是初三申请美国的高一（美国高中有四年，所以也就是从中国的9年级去读美国的9年级，简称9申9），所以既要准备中考，又要准备美高的申请，都不能懈怠。这对青少年来说，压力是非常大的。很多家长说他们作为成年人有时候都快要崩溃，孩子这么小年纪承受着这么大的压力却不吭声，才发觉孩子真的是长大了。

可以毫不夸张地说，顶尖私立中学的申请难度不亚于申请美国常春藤大学。

进入了美高就可以高枕无忧了吗？并非如此，这只是起点。

然而，融入一个完全陌生的环境，成为其中的一部分，是非常难的。融入难分为两个方面：一是学业，在纯英语的体系里迅速进入学习状态，跟上同学步伐并不那么简单；二是生活，青春期即离开父母，只身前往大洋彼岸，到一个文化完全陌生的国度成长，面对可能来的一切风风雨雨，在国内转学有时候都有困难，何况是在美国。

本章收录了几位同学对申高一路酸甜苦辣以及初入美高生活的感悟。如何让美高生活开始得不那么艰难？美高第一课该学什么？听听下面这些过来人的故事吧。

附：美高申请所需材料列下

1. 标化考试成绩

标化考试成绩分为托福成绩和 SSAT 成绩。

托福是由美国教育测验服务社（ETS）举办的英语能力考试，全名为"检定非英语为母语者的英语能力考试"，中文音译为"托福"。新托福由四部分组成，分别是阅读（Reading）、听力(Listening)、口试（Speaking）、写作（Writing）。每部分满分30分，整个试题满分120分，是对英文能力的测验。

SSAT 即 Secondary School Admission Test，中文名称为"美国中学入学考试"，适用于美国、加拿大私立中学的入学，是申请者必须具备的一个考试成绩，主要考查学生真正的学术能力。

SSAT 主要测试学生的数学、英文程度及理解力。考试分为数学、词汇、阅读三大部分，另有作文（不记分）。SSAT 有两种考卷：低阶（5~7年级的考生），满分为2130分；高阶（8~11年级的考生），满分为2400分。

2. 其他材料

·申请表格

·文书

·学校成绩单

·推荐信

·个人特长等材料（比如绘画册、录制的小视频等）

努力走自己的路——我的申高感悟

"Jim，你怎么出国了？为什么要出国？"很多人都曾这样问我，这也是我一直在思考的问题。而现在，我已站在这片神秘而充满未知的土地上，即将开始三年的美国高中生活。回首过去难忘的一年，既有太多的艰难和泪水，也有数不尽的感悟和收获。

一切的起点

我是国内教育体制下的一名普通学生，以前一直过于看重考试成绩，直到两年前的暑假参加了赴加拿大交流的夏令营，才见识到了一种全新的教育体制。当时的我感到从未有过的快乐和惬意，并开始对国外的教育产生了兴趣。随着初二的到来，学习压力迅速增大，我感受到了国内填鸭式教育及题海战术带来的困扰。因此，在2014年寒假，我把目光投向美国中学，走上了充满未知的申高之路。

第一道难关：标化考试

申请美高必须先通过托福和SSAT。2014年寒假，我开始接触托福：繁多复杂的词汇、五花八门的题型、广泛的学术知识点，对于初二的我来说是不小的挑战。几次出战都不够理想，我把原因归结为单词积累不够，没有掌握方法和系统训练。4 月初，我下决心每天用单词书和背单词软件积累词汇，每晚都会花一小时左右的时间温习旧单词和背诵新单词。我逐渐习惯了每天过几十个单词，并在背单词之余养成了另一个好习惯——阅读。起初，英文原版小说中的陌生词语对我来说是很大的问题，后来慢慢意识到个别单词不认识并不影响对整个篇章的理解，阅读速度便大大加快了。2014 年暑假，我参加了一个美国的学术夏令营，体验到了真正的美国教育，大幅提高了自己的听力和口语能力。回国后，我再战托福，对于以前令我头疼的阅读和听力，我已能轻松应对。当其他同学还在痛苦地背单词时，我已经逐渐掌握了一些方法技巧，开始更有效率地做题了。8 月底，我考出了一个不错的成绩，托福也告一段落。

随着初三的到来，真正的噩梦——SSAT 降临了！需要背诵更加繁多生僻的单词，而我当时的阅读速度和正确率远远不够，加上校内还有各种考试，而准备时间已不足三个月，我感到前途渺茫。当时培训班上的其他同学，有的就读于国际学校，有的具备扎实的英语基础，所以在上课和模拟测试时，他们经常能有不错的表现，而我每次都垫底。作为一个彻头彻尾的新人，面对巨大的学习压力和心理压力，我的情绪一度跌入谷底，甚至想过放弃。父母看到我这样，也无数次为我加油鼓劲，并告诉我："不必过于在意他人，强于过去的自己才是最重要的。"在这几个月里，我几乎放弃了所有的休息时间，随身携带单词本，利用所有的碎片时间复习单词，每天挑灯夜战到凌晨，有时午饭和晚饭也是几个全家饭团草草了事。正是因为我咬牙坚持走过了那段地狱般的时光，我的 SSAT 才取得了预期的成绩。

第二道难关：面试

面试是申请美高的重要环节之一。每所学校的面试时间不同，但大都集中在 11 月和 12 月。面试对我来说更是全新的体验：西装、领带、皮鞋，与面试官面对面对话 30 分钟左右，随机应变地回答各种问题，尽力表现自己，以便给面试官留下好印象。为了帮我，妈妈也做了很多事：她每天扮演面试官与我进行模拟面试，并用手机拍下全程，纠正我的小动作和措辞等。在此过程中，我能够提高口语能力，更从容地应对面试。当然，去一所学校面试前，要预先对这所学校做好"调研"，这非常重要。申请的每一所学校，我都认真看官网并做好笔记，以便了解学校的优点和特色，面试时可以充分利用。12 月初，我们全家赴美进行校园参观和面试，收获颇丰。我第一次看到这里的校园就被深深吸引了：教学、运动设施齐全，学生和老师亲切而慷慨，校园广阔，景色优美，与国内的校园相比完全是另一番天地。

几个月里，我一共进行了将近 20 次面试，面试官也各不相同，大多数和蔼可亲，有些比较严肃。在接触过各种面试官后，我觉得不能单从面试官的表情判断自己是否有机会被录取，不过给他们留下深刻印象是必需的。

第三道难关：文书

如果说还有什么和标化考试一样令人头疼，那一定是文书。申请美高都要求写一篇共同的文书（common essay），有的学校还要求写其他附加文书。每篇文书都需要反复修改，甚至重写。在考完标化后，我便一头扑进文书堆里，煎熬又开始了。文书是为了向学校说明自己是怎样一个人，因此需要有一个正确的自我认知。比如说我的兴趣爱好是数学，就需要在文书中强调我对数学的兴趣（参加过的竞赛、帮助他人学数学等等）。在文书写作中，个人经历非常重要，自己小时候不经意做的一件小事、旅游时的见闻都能作为文书的素材。只有自己实际经历过的事才写得出，因此每个人的文书都是独一无二的。同时，不断修改也很重要。对此，我找到一些在美国留学的学长学姐和英语老师，他们在文书写作方面给出了宝贵的删改建议。当时，我每天在电脑前忙得不可开交，陷入了申请以来的第二个低谷。我不断告诉自己要坚持下去，已经接近终点，咬牙也得跑完全程。幸好最后还算圆满完成任务，递交了文书。

总结

在录取结果公布那天，我收到的邮件竟然大多数是候补名单（waiting list）和拒绝信，心情非常郁闷，直到第二天收到了一个还算不错的学校的 offer（录取信），心情才好转起来。我长达一年的美高申请也就此画上了句号。回首这一年，我承受了比国内学生更大的压力，认识了许多招生官和学长，接触了国外的教育环境，开阔了视野，通过了曾经让我崩溃的标化考试，越过了几道大坎儿，也战胜了自我，提升了自我。这一切都是从未有过的，这一年我所获得的比之前几年的总和还要多，这一年是我有生以来最有意义的一年！今后还有更多更难的挑战等待着我，但是我一定会努力走好自己的路。

When there is a will, there is a way！（只要有心，就有路可走！）

（作者：Jim Wan）

那些艰辛而难忘的日子
——"菜鸟"两次申请美高的心路历程

写在前面

先介绍一下自己：1999 年出生的伪宅女一枚，来自国内南方某大城市的普通中学，在国内学习时严重偏文科，性格开朗外向，喜爱阅读写作。因从小与家人游历国外，喜欢西方文化，英语口语尚可，从而萌生了申请美高的念头。从 2013 年开始申请美高，因标化偏低，在麻省某公立学校读 9 年级；2014 年再次申请，标化依然不高，但尽自己最大努力，最终幸运拿到梦中之校（Dream School，以下简称 DS）的 offer。

2013 ~ 2014

2013 年初夏，我读初二下学期，但中考的压力已经开始在全班蔓延。小学班主任说中考"48% 的淘汰率"，这句话深深烙进我脑海。再加上平日里繁重的作业、重复的练习，使我对中考心生厌烦和畏惧。

当妈妈问我是否愿意出国时，我没有太多思考，很快就做出到美国上高中的决定。我天真地以为这会是一条成才的捷径，甚至脑子里已经浮现出拿到名牌大学 offer 时得意扬扬的笑脸。

在咨询过多家顾问后我才了解到，申请美高不仅仅是交个钱就完事的——要想踏进顶级高中的大门，第一项要求就是标化，其次还要有丰富的课外活动。有一次，在顾问滔滔不绝的介绍中，我脑海里又幻想出标化顶呱呱、offer 无数家的胜利，理所当然地选择了较好的学校。

2013 年盛夏，我开始了标化培训。说到好成绩，在中国好像都离不开课外补习，我当然也不例外。英语成绩在班上名列前茅的我虽然对托福一无所知，但觉得"都是英语谁学不会"，无比相信自己的学习能力。经过两个月的托福和 SSAT 培训，成绩却惨不忍睹。顾问赶紧调整选校方案，打算根据我未来几次的成绩来定夺，妈妈也为了我能更好地学习标化而让我"脱产"。我天天关在房间里，面对题目时无动于衷，却和电脑交起了朋友。2013 年入秋后，又是几场考试，成绩也没有预想中的有明显改善。每次看到成绩的那一刻我都会无比懊恼，甚至直接想打电话跟顾问说我不申了。

爸妈看我虽屡战屡败却未说放弃，也选择相信我。2013 年深秋和 2014 年初春，我的托福和 SSAT 总算拿到了差强人意的成绩。然而，因为前面的标化成绩不理想，我们并没有选择寄宿学校，更没有赴美面试。与顾问合作的美国中介推荐了几所加州的走读学校，面试只不过是走个流程，offer 很快随之而来。那时的我更加迷茫，像是走在浓雾弥漫的森林里，找不到方向。爸妈也没有经验帮不上忙，顾问的建议也不能完全采纳。偶尔同学聚会，大家压力虽大却有明确的目标，相比之下，越发感到自己的未来是如此茫然。

后来也不记得是谁的主意，与其在一个较差的学校混迹四年，倒不如去一个好点的公立学校适应一年，到 10 年级再转学。这对当时的我来说像一根救命稻草，我又开始了最初的"幻想"———一年以后，英语杠杠，标化出众，一切都会好起来的。

于是 2014 年春末，我顺利签完麻省一所公立高中的 offer，随后拿到签证。盛夏，身负未完成的使命，一个人登上了飞往波士顿的飞机。

2014 ~ 2015

2014 年夏末，我真正开始了在美国高中的学习。中美学校之间的差异还是很大的。美国学校里没有中国式的班级制度，不同课程就会有不同的学生；一下课就得抓紧时间换教室；上课的氛围更轻松，有问题随时可以提问；上课时间离开教室需要填写 pass，并得到老师签名，或者得到老师的口头允许。我所在的这所学校并没有 ESL

（English as the second language：针对英语不是母语的学生设立的英
语学习课程），但我也没有"听不懂，不习惯"。因为拿到 offer 后的
五个月，我被妈妈强制送去了一所美式学校。再加上自己随和开朗
的性格和较强的口语能力，我很快融入了新环境。许多中国学生对
学校和住家的不适应问题并没有在我身上出现，这让家人深感欣慰。
轻松的生活和微小的压力都快让我忘了还要继续申请学校的"使命"，
直到 2014 年秋，两次托福考试的到来。

　　在波士顿近二十年来最寒冷的隆冬，妈妈在圣诞假期来看我，
同时最后一次标化成绩也出来了。一年过后，我的成绩变得稍好了些，
但是跟众多中国学霸相比，绝对难说出众。

　　我们又找到一位波士顿的留学顾问，在 2014 年末开始了又一轮
申请。熟悉高申的读者可能已经猜到，我们差点又来不及。在兼顾
学校学业的同时，并没有接触过申请文书的我深感力不从心。一次
次的修改，不断地与顾问讨论，终于赶在截止日期前完成了所有文书，
长出了一口气。

　　因为实在不能和众学霸相比的标化成绩，加上又是升 10 年级，
选校就很受局限了，但好在全是我一心向往的寄宿学校。2015 年 1 月，
五所学校的面试开始，妈妈再次从国内来美陪我面试。尽管标化对
我来讲是个过不去的坎儿，面试我却信心满满。从面试后的感谢信

回复可以看出，效果似乎都不错。一次次的面试，似乎没有想象中那么紧张，倒像是母女俩的结伴同游，充满无数新鲜的体验。后来，DS 的面试官寄来问候卡片，更让我觉得事情已经搞定。

然而，3 月 10 日这天我经历了前所未有的高申之痛。早在这之前的一个周末，保底学校的候补名单已经让我有了不祥之感。不出所料，3 月 10 日早晨，邮箱里就躺着另外四所学校的候补名单通知。我静静地读完通知里的每一句话，躲进卫生间和家人视频。妈妈在意外之后很快冷静下来，并安慰我今年的形势非常残酷，现在需要做的是找更多的走读学校。我把消息发给顾问，叹了无数口气，脸上却还是平常表情，照旧和室友出门搭车上学。

对我来说，最残酷的不是学校的拒绝，而是一份又一份候补名单，因为不仅要开始新一轮的走读学校申请，同时还要与他们保持联系，期待一个准信儿。在折磨人的无尽等待中，顾问看我寄宿的意愿如此强烈，又给我推荐了一些二流的学校，面试之后又是等待。写给学校的表白信石沉大海，杳无音信。我仿佛又回到了 2014 年迷茫的初春时节，而这次彻底没了选择的余地。

每次和妈妈视频聊天时我都会念叨 DS，希望它不要再如此折磨我，干脆来封拒绝信。而妈妈更多是劝我不要再把精力放在候补名单的学校上，要把目光投向走读学校。在迷茫与焦虑中，转机在 3

月下旬出现了。在我写了一封长长的汇报总结后，DS 的面试官回复了我！在简短的回复中，她为我加油鼓劲。在后续与面试官的电话沟通中，她问我如果学校没法儿给 10 年级的名额，是否愿意来读 9 年级。当时我就蒙了，嘴上胡乱应着不知道，就草草挂了电话。顾问认为这是一个信号，应该当场答应。家人也支持我，希望我有一个完整的四年高中生活。

4 月初，我收到了 2015 年的第一份 offer，尽管学校不可与先前的五所相比，但在长时间的等待与寻找后，还是带给了我喜悦和信心。另一方面我也更加坚定了继续申请 DS 的决心。顾问说我很偏，言外之意就是标化成绩不咋地，还不愿意屈尊俯就。提供 offer 的学校给我一周的考虑时间，这一周里，我的心像坐上了过山车，上下起伏翻腾。

在 4 月 10 日这个第二关键的高申日期，我与 DS 面试官进行了最后一次联系。她给我的答复是下周初会有决定，请保持联系。周一一早我就发了邮件，期待着回复，但直到下午依旧没见到回信，心急如焚的我又给面试官留了 voicemail（语音信息）。第二天早上一醒，我打开收件箱，还是没有新消息。顾问也帮着我打电话，但招生办没人应答。她理智地劝我先把手里的合同看完，好好考虑一下，过了周三再没消息就放弃。

我当时的反应特别奇怪，心像泡进了黄连水，苦涩得喘不过气，又像是看见快煮熟的鸭子要飞到别人手里了。我万念俱灰地打开邮箱，研究起学校的合同，看着高昂的学费和我甚至不太需要的 ESL 课程，心里哪还有刚看到它的那一丝喜悦？

周三早上，收件箱依然没有新邮件。我开始尝试着去喜欢已给 offer 的学校，想想如果自己发奋努力，还是有可能升好大学的。但心还是不甘，甚至开始埋怨 DS 学校，难道它要给我的决定就是无限期的等待？满心苦涩的我从西班牙语课教室走到数学教室，上课铃响把我从万千思绪中惊醒过来。

四十分钟后午餐铃声响起，同学们鱼贯而出。我走在人群末，拿出手机，习惯性地按下解锁键——咦，这不是新邮件的提示吗？我的心猛地一颤，脑海里浮现出学校对我的最终"审判"——拒绝。我颤抖着手划开了界面，邮件里熟悉的字体，写道："Thank you for your patience during this busy time of year. I am thrilled to offer you acceptance into 9th grade class for 2015...（谢谢您的耐心等待，我们很高兴地通知，您已经被我校 2015 届 9 年级录取）"——咦，不是拒绝，是 offer! 我大喜过望，从三楼一路笑到了一楼。

晚上我开玩笑地跟妈妈说你要替我多交一年学费啦，但从她和爸爸的脸上看到的是欣慰与喜悦。自从我接到 5 份 wairlists（候补名单）以来，他们就马不停蹄地为我物色走读学校。他们虽然远在大洋彼岸的中国，但心里装的全是我的事儿。

而我，高兴了一个下午后又生出许多感慨。我没有优秀的标化成绩，也没有丰富的课外活动经历，有时甚至想放弃，但最后发现，有的学校也不以成绩为唯一录取标准。拼尽全力，也许就会有幸运降临，不坚持到最后，谁知道结果呢！

2013 年第一次申请后我就发现，出国留学并不能避免竞争与压力，甚至意味着比国内高中更多的压力、更大的挑战；但经过 2014 年的学习之后，我意识到自己的选择是正确的，这一切的艰辛与磨难都是值得的。

在茫茫的高申大军中，我只是一只"菜鸟"，但同时又是非常幸运的一只。经历了这一切，我不再盲目地相信自己，实践才是检验自己的唯一试金石。

最后，非常感谢我的父母与顾问，并且祝福每一位将要经历或正在经历高申的同学和家长。

（作者：Alpula）

做一个不一样的烟火

Dear 16 fall（2016 年秋季入读美高的学生），

　　首先，恭喜你们成为高申党中的一分子，也祝贺你们即将为自己光明无限的未来挥洒珍贵的汗水与泪水。我还记得自己在一年前的这个时候说服家人让我去美国读高中。那时的我，铿锵有力地告诉我的父母，我是在为未来而奋斗。如此豪言壮志，信心满满，想必也是你们现在的心情。可申请难度一年比一年大，时间从不会停下脚步等待你们，大神牛蛙们纷纷按捺不住性子，纵身到高申的圈子里一较高下。群雄逐鹿，便是形容半年后最贴切的词语。可无论失败与否，高申是个难得机会，会让自己变得更加坚强，结识更多精英。我仍旧是一名妥妥的学渣，但是，随着高申的结束，我对很多事物已经有了和以前截然不同的看法。

　　做一个为梦想拼搏的你。曾看见一句话说，All our dreams can come true, if we have the courage to pursue them（只要你有勇气去追逐，所有的梦想都会实现的）。也许是受了长达 14 年的煎熬，我从小就对中国的应试教育带有一些抵触情绪。正是带着这个动机，我一直在为了能够早日挣脱这繁重的桎梏而努力着。依稀记得在 2014 年的最后一个月，每天早上七点起床，一直熬到凌晨三点钟才睡觉，和小伙伴们一起刷词，全神贯注地备战。一杯杯苦咖啡，一次次单词考试，总是没事就给自己来管鸡血。最后发现，在这个过程中我学会的不只是知识，更是一种为梦想而拼搏的精神。虽然我一直都没有得到一个非常满意的分数，但是那段时光却镂刻下我高申中最美好的印记，带着一丝淡淡的苦涩与艰辛，却是回味无穷。青春如梦，岁月如花，日子终归是滴落在时间的河流里，而当初对梦想的激情总会随着时间的匆匆而逝慢慢散尽，一去不复返。珍惜宝贵的时间吧，以努力度定义自己的人生，不要让未来的你讨厌现在的自己。

做一个不一样的烟火，在有限的时间里全身心地挥洒自己的汗水，谁也无法预测你的故事会有多美。

做一个坚强生活的你。席慕蓉说，梦想是一个说出来就矫情的东西，它是生在暗地里的一颗种子，只有破土而出，拔节而长，终有一日开出花来，才能正大光明地让所有人都知道。在此之前，除了坚持，别无选择。我最初在北京学习的时候，整个人的心情总是沉浸在谷底。我笑称自己是一名"小北漂"，在北京孤军奋战，经历着以前从未体验过的生活，孤独且富有挑战。我后悔过，绝望过，可生活丝毫不给退路可循。奚落、排挤、冷淡，还有对家强烈的思念，无处诉说，也不敢让别人发现。现在还能记起当时自己的模样，一个一米八的大男孩，每次坐在地铁上静静看书时，落下一滴又一滴无言的泪水。这是我从未有过的无助，也是我最想认输的时刻。相比起这些，我的自卑感则显得更是强烈。每当与圈子里的同学相提并论之时，内心总会涌现出颤巍巍的胆小、无止境的恐惧。身边的人才卧虎藏龙，腾蛟起凤，散发出的烨熠光芒无时无刻不在刺痛着我的神经。我时刻告诫自己，没有任何解释的余地和借口去放弃，不然自己迎来的会是更大的失望与感伤。也许坚持下去，总能沉而复生，败而再战。直到最后才懂得，孤单的时候，让心底少点依赖，并不是只有陪伴才能给你安全感，要学会承受，这样才会成长，因为人生中没有一个人永远都会陪着你，你得懂得承担。每个人都有自己的一角伤心地，哭过笑过之后烦恼不能过夜，因为你没有那么多时间用来伤心，当你伤心时，我们都得立正向前走，要走的路还很长。当你变得脆弱的时候，试着不要让别人同情你，要知道没有人走过和你一样的路，没有人和你看过完全一样的风景，所以要勇敢地前行，要学会自己坚强。我不能任由自己落落寡合，更不能娇纵自己的软弱无能，终还是提起了笔奋斗下去。

做一个不一样的烟火，总是要常与孤独相伴，而成功则在于在孤独寂寞中坚强地完成你的使命。

做一个最真实的你。从始至终，我的申请顾问就告诉我在面试的时候一定要把最真实的自己展现给招生官。就个人经历而言，在我面试 ISS（Indian Springs School）的时候，AO（Admission Officer：招生官）在和我进行几分钟的聊天过后就问我托福成绩。我尝试去辩解，她却毫不客气打断了我，措不及防地说，你的分数是今年所有申请中最低的。在我看来，一向打着注重学生平衡发展旗号的美国教育体系在分数上却有着与中国教育同样迂腐老套的观点，注重分数。当时的我对招生官失望极了，也非常愤怒，犹如受骗似的。在跟招办表达完对学校喜爱的话后，就把自己压在心里的话一股脑儿说了出来。一边激动地介绍中国填鸭式教育，一边告诉她什么是托福技巧培优课，告诉她自己觉得一个好的学校应该是如何全面客观地挑选申请者。当时我知道这样做肯定入了学校的黑名单，却还是抑制不住自己泛滥的情绪。我不后悔，因为这才是真实的我。最出乎人意料的是，3 月 10 日的那天，学校意外发了录取。嘿嘿，说这么多并不是鼓励大家去和招办争个面红耳赤，而是强调你能否迅速地接过招办给你抛的难题并用自己的思想震慑他、打动他，告诉他：老子很牛。正是因为这种性情的解决方式，才换取了 AO 欣赏的眼光。所以，相信你自己的思想，相信你内心深处认为是正确的东西。如果不能成为大道，那就当一条小路；如果不能成为太阳，那就当一颗星星。决定成败的不是你尺寸的大小，而是做一个最真实的你。

做一个不一样的烟火，追寻内心的至诚，追求真实的本身，是通往成功之路最有用的准则。

最后我想说，感谢高申一路的拼搏与艰辛，感谢家人一路的鼓励与支持，感谢一路遇到的老师、同学和学长的帮助，让我收获如此良多。越努力，越幸运！期待明年这个时候的你也能如我一样，感恩地诉说着接受高申洗礼的幸运。任重而道远，希望你们能够带着拼搏、坚强和本质的初心，在明年的龙争虎斗之中，绽放出最瑰丽的花朵，释放出最闪耀的光芒，做一个不一样的烟火。期待着你们明年这个时候拿 offer 到手软哦！

（作者：周天奇）

别让美国给你当头一棒

美剧和电影里面光怪陆离的美高生活在现实中又是怎样的呢？通宵达旦的派对？残酷血腥的校园暴力？丑小鸭变天鹅的励志青春？还是无所事事地荒废时光？其实现实生活中的美高生活并没有那么戏剧性！大部分美国高中都拥有优美的校园，并给学生提供了良好的学习环境。看到这句话，相信大家也是百感交集，有放心的，当然也有伤心的。那么传说中的美高生活到底是怎样的呢？作为外国人的我们又应该怎样去适应和融入呢？容我慢慢为大家揭晓答案。

【学习】

美国的学习方式如何，肯定是即将出国的同学们的一大困惑：独自一人在美国，我该怎样学习，和在中国学习又有什么不同？

说到学习，老师是非常重要的一个因素。中美两国的师生关系截然不同。美国的老师都非常亲切，欢迎学生跟他们探讨、争论，向他们寻求帮助。独自在外的小伙伴们遇到解决不了的问题或者疑惑时，要学会寻求帮助，千万不能自己硬扛着。而当面临困难时，第一个想到的帮手就应该是老师。美国的老师尊重、鼓励并信任学生，因此学生对老师毫无疏远感或畏惧感。

美国老师也很重视培养学生的自学能力、批判性思维和独立思考能力，他们希望学生不断超越自我，提出各种不同的观点。在很多时候，他们给出的题目并没有标准答案，他们希望看到学生思考的过程，而不仅仅是简单的结果。即使是数学题，如果结论正确但没有描述得到这个结论的思考过程，也要扣分。这一点是中国学生要适应的。

美国老师非常看重诚信和荣誉制度（honor system）。简单来说，荣誉制度是建立在老师对学生信任基础上的一个承诺：学生以荣誉承诺绝对的诚信，例如在做作业及考试时不剽窃、不抄袭等等。若被发现有不诚信行为，就会受到相应的惩罚，情节严重的会被记录到学习档案里，甚至开除。防止抄袭想起来简单，做起来却不容易，学校对剽窃、抄袭的处罚也很严厉，一定不要犯这种错误！美国老师对备注的要求非常严格，即便是一点小事情，只要不是你自己写的，也需要备注。写论文时，学生们也需要多加留意。

　　此外，分数也是美国老师关注的重点之一。那怎样取得满意的分数呢？又怎样平衡分数和课外活动呢？我们先来分析美国 GPA（Grade Point Average：成绩平均绩点）的构成。GPA 是由所有的作业、小测试以及考试构成的。其中期末和期中两次考试的成绩会占较大比重，一般为 15% ~ 20%，根据年级和学校稍有不同；所有的作业、小测试及课堂参与占 80% ~ 85%。不写作业考了高分也没用，千万不能掉以轻心！不要有侥幸心理，在美高要取得好成绩想偷懒可不行！

　　上课的主动性也非常关键，一定要积极参与，大胆发言和提问。老师不会在意你的对错，他们更关注你是否参与。这样不仅会使你给老师留下一个好印象，也有助于你挖掘更深层次的知识。这也是中国学生需要适应和改变的。

　　当然，也不要把自己搞得太紧张太累，实在太忙安排不过来，可以向老师申请延期。所以这里再一次强调下跟老师沟通的重要性。

　　虽说成绩很重要，但也不要为了成绩其他什么都不干，课外活动也是很重要的！建议每年参加三四个社团活动，在四年学习期间坚持参加一两个社团。如果你身体素质不好，可以选择参加一些有趣的、自己喜欢的体育活动。如果你某项体育活动特别强，可以考虑参加校队。要干的事情很多，所以要学会合理安排时间，平衡好学习、社团、体育锻炼的关系。如果发现自己实在坚持不了，一定要学会放弃，因为健康还是最重要的。

【社交】

许多同学大概都会担心怎样在美高正确、快速地交到好朋友吧。

首先，一定要积极参加学校的各种活动，勇敢地与他人交流。你在国内怎样交友，在国外就怎样交友。即使发现与你交谈的这个人和你并没有什么共同语言，也不要泄气，因为在那么多人里总能找到和你有相同兴趣爱好的人。所以，在交友过程中不要轻易改变自己或放弃。也许语言会成为一点小障碍，但绝对不是不可逾越的难关。

其次，美国的学生和老师非常重视隐私，特别是关于成绩的事情，他们很忌讳别人没经过同意擅自看他们的成绩。也不要成绩一出来就到处问别人的分数，这样通常会换来对方的反感。但也不是说成绩绝对保密，如果别人没有表现出想保密，也可以跟他们交流交流。

最后，如果是寄宿的同学也要注意跟室友的关系。在跟室友的相处中一定要学会宽容，学会跟室友交流，制定一些合理的规则来保持屋内基本的整洁。如果遇上一个特别无理取闹或者懒惰的室友，也不要让自己天天心情不好，你做好自己的那一份就行了。如果实在相处不来，可以跟老师申请换室友。宿舍是帮助你交友的好地方，多串串门儿认识的人自然也就多了。

【食物】

吃是中国学生在美国遇到的最大问题之一。我们长期养成的中国胃口怎么受得了美国口味？作为吃货的小伙伴们该如何是好？

对于这个问题，最好的解决方案就是自己动手，丰衣足食。寄宿的同学可以使用学校的厨房，走读的同学可以使用住家的厨房，调料什么的在国外的亚洲超市或者中国超市也都能买到。所以，锻炼一下自己的独立动手能力吧。

泡面好像是留学生党不可或缺的食物，但千万不能老是靠泡面解决问题，偶尔吃吃是可以的，吃多了可能危害自己的健康！我建议，可以煮简单的面条或者涮火锅。

实在没有时间，又吃不下食堂的食物，就到了考验你创造力的时候了！利用食堂的调料尽情发挥吧，比如说，辣椒酱和酱油就是很好的组合，也可以带一些老干妈、橄榄菜之类的作料。总之，要填饱肚子！

看到这里，对美国又有深一层的了解了吗？那么，做好充足的准备，别让美国给你当头一棒！

（作者：Christina Zhou）

美高第一课：学会独立

作为一个在美国学习和生活了快一年的"学姐"，总是会有人问我，去美高之前需要学些什么。我觉得一个人漂洋过海来美高最重要的事情就是要学会适应和独立。如果一个人不能独立，是很难在美高快乐生活的。

不会独立，你将失去探索自己的机会。

有时候，有些事情，是需要你自己做决定的。一个简单的例子，就是在每个季节选社团活动的时候，中国学生总喜欢集体商量，然后共同决定去参加某项活动，仅仅是因为不想自己一个人被落下。其实在这么做的同时，你也失去了一个 follow your heart（听从内心）的机会。永远不要害怕一个人去到一个陌生的环境。如果你害怕孤独，也害怕面对孤独，因此选择了从众，那么你就已经输在了起跑线上。

不会独立，你将失去存在感。

我在国内上初中时，女生经常约在一起去上厕所。连这么私密的事情都要约着同伴一起，现在想想也是醉了。在美国，融入一个大集体之前你得先证明自己是一个独立的个体。只有独立的个体才会被朋友们接受，才会在一个集体中拥有存在感。我的美国同学总是不能准确地叫出每个中国人的名字，虽然知道那些名字，但他们更熟悉的是"中国人团体"。如果你不是一个独立的个体，而是依附于一个团体，整天跟别人形影不离，美国同学只会觉得你是"那群中国人中的一个"，而不是"那个女孩子（男孩子）"。

不会独立，你将被别人牵着鼻子走。

为了不被孤立，或者为了显示自己想融入团体，你很可能要迁就别人。我并不是说任何事都要一个人独来独往，只是有时候自己做一些事情是很有必要和益处的。如果你发现自己总在迁就别人，不要怪对方，先要看看自己是不是对于"独立"产生了畏惧感。尝试着独立并且适应独立，你会重新发现自己，从此生活变得更自由了。

不会独立，你将浪费很多宝贵的光阴。

在美高，很多事情需要你一个人去做。几个小时泡在画室里完成一幅自己满意的画作，待在琴房里享受音乐，或者在房间里安静地做作业。有些事情，一个人做才有意义。如果你无法享受独处，总是要和别人黏在一起，那么你不仅会招来别人的厌恶（毕竟别人也有自己的事情要做），还会浪费很多时间在无用的应酬和交际上面。

有时候，其实一个人待着也挺好的。不要害怕孤单，也不要害怕被别人看到你孤单。下面以我在英文课上写的一首诗作结：

The Most Wonderful Thing

Have you ever been seated

at a table full of people

chatting and laughing all together,

but you don't know anything they've said？

Have you ever been talking

with a group of so called friends

when they're rudely judging other people,

and it makes you want to leave？

Have you ever been wandering

in such a crowded a metropolis

but you can't find anywhere to go to,

because everywhere is crowded with laughter?

The busy world only makes people lonelier

so why not enjoy spending time with yourself?

Smiling at the sun like a sunflower,

that's the most wonderful thing to me.

（作者：Karen Zheng）

会沟通，美高历程才轻松

2014 年我以 9 年级新生（freshman）的身份进入了一所走读学校。和寄宿学校不同，我要面对的除了外国老师和同学，还有寄宿家庭。初次面对这样一个陌生的世界，我满怀激动，但更多的是担心。担心自己不能交到外国朋友、不能和寄宿家庭好好相处、不能和老师沟通。一年下来，我发现自己当初的种种担心都不见了。所以，我想把自己的经验分享给准备去和已经在美高的同学们。

记得我第一天去学校的时候，看着其他同学有说有笑，可我谁都不认识，心里有些怯生，只好埋头看手机。过了一周，我们都有了固定的课程，这样也就有了一些固定的同学，他们很热情地跟我打招呼，一开始我只是很害羞地礼貌性地回应，随着时间的推移，我们渐渐地熟悉了。从陌生到熟悉再到好朋友，其中的关键就是要积极，要勇敢。敢于去融入他们的集体，主动和他们交流。这样，从一个朋友开始，再到一群朋友就会很容易。

有些同学可能会疑惑，觉得根本找不到话题来交流，除了学习，我和他们的生活就没有其他交集。其实没有必要费尽心思地寻找共同话题，身边的各种小事就是最好的素材，比如学校最近的活动，或突然看到某个通知后的感慨，等等。另外，午餐是个很好的机会。大家都处于放松的状态，这个时候最便于交流。即使是倾听他们交谈，也是很有用的。要想和外国学生交朋友，不能总是和一桌中国学生坐在一起，讨论着中国人自己的话题。另外，学校内的国际生组织也是一个很好的平台。

走读生要想和寄宿家庭相处得好，首先要把他们当作一家人，称呼尽量亲切一些。美国人经常举行家庭聚会，聚会上要尽量和他们多聊天，他们对文化差异还是很感兴趣的。其次，要多帮忙做家务，比如洗碗，不仅锻炼了自己的能力，更增进了感情。反之，如果一吃完饭就把自己关在房间里，他们就会认为你并不想融入他们，这其实是很多留学生和寄宿家庭产生矛盾的开端。最后，美国人做事说话都比较直接。所以你在寄宿家庭吃饭的时候，如果想给自己添饭，就径直去添，不要拘谨和客气，否则可能吃不饱。另外，自己的时间安排要提前告知寄宿家庭成员，以免产生不必要的误会。

最后，如果你在学习上遇到问题，那老师便是最好的帮手。特别是第一年在美高读书的同学，会明显感觉老师的讲课速度太快，跟不上（学霸除外），如果再碰上自己不在行的学科，更是难上加难了，所以课后时间要好好利用起来。我刚开学的时候，生物是我最弱的学科，由于有许多专业名词，记了笔记也不怎么理解。所以我每天的自修课都跟老师预约，把我不懂的知识点请老师再给我仔细讲解一遍，临考前她也会帮着我复习。在学习方面，要多和老师交流，不能因为害怕或懒惰放弃这个难得的机会，只要学生们有问题，老师们一定是努力解答的。

　　总之，在美高，最重要的就是"交流"二字。和同学交流，和"家人"交流，和老师交流。希望我的这些经验能对大家有所帮助。

　　祝所有的同学梦想成真。

（作者：Coco Zhang）

融入美国的"圈子"

不知不觉来美高将近两个学年了，我或多或少对美国学校的"圈子"有所了解了。很多同学在来美高之前，家长或者中介都会强调一点，那就是必须融入美国的圈子。但事实上，融入美国同学的圈子谈何容易，美高的很多同学可能直到毕业，除了和美国同学打招呼问好以外就没有说过什么话，用"最熟悉的陌生人"来形容美国同学真是再合适不过了。大多数美高同学可能都有过交不到美国朋友的经历，甚至会因此怀疑出国的价值。接下来，我会分享我与几个美国同学的故事，希望能给那些正在"融入"路上的同学一些鼓励和帮助。

A 同学：美国人，和我同级，歌唱得非常好，多次参加比赛夺冠。

我虽然和她同一年级，但第一学年和她并没有什么交集，甚至见了面连招呼都没打过。与她真正熟悉起来是因为化学第一学期的期末项目（final project）我们被分在了一组。一开始，我们互不搭理，虽然知道分在一组，但都没有找对方去商量。直到大考前几天，她依然没有和我联系，但我忍不住了，为了期末分数，我硬着头皮开始和她说话。

首先，我通过 Snapchat（社交软件，传送有时限的消息）问她什么时候开始做期末项目，告诉她时间非常紧迫了。她似乎意识到了问题，于是开始和我对比课表，并且安排出了空课和我头脑风暴（brainstorm）。可以说起初是迫于无奈，我们不得不每天交流，但是我们却渐渐熟悉了起来。与此同时，她碰巧挺喜欢一个跟我关系不错的韩国女生，于是我们三个每天空课都坐在一起聊天，不知不觉我们之间的关系越来越好。值得一提的是，A 同学的唱歌水平真的是到了出类拔萃的地步，风格有点像 Adele（英国流行歌手）。她在校园 talent show（天赋秀）上夺得桂冠，还拿了奖金，课外也去过一个音乐厅尝试录制歌曲，还专门为自己创建了一个包含歌曲片段的 Instgram（一种社交软件，专门分享图片），现在粉丝都有几千了。于是我们经常会点几首歌让她唱给我们听，作为回报，我们会辅导她相对较弱的数学。

我们互相欣赏各自的特长，互相帮助，关系变得更加融洽。期末，由于我们意见比较统一，final project（期末项目）做得还非常不错。新学期的赛季开始后，每次训练完，她就会到女生宿舍去找那位韩国女生，虽然会错过校车回家，但她还是经常和我们一起去食堂吃晚饭。

耐人寻味的是，她是个非常开朗活泼的美国人，但是她最好的几个朋友都不是美国人，她每天大多数时间都是和我们这些国际生度过的。我曾经问她，为什么更喜欢和我们玩，她说她觉得我们人很好，帮她学数学，还很喜欢听她唱歌，很多美国人对她都没这么好。

那么到底是她融入了我们，还是我们融入了她的圈子呢？我觉得我们不是脱离了原来的圈子，而是共同创造了一个更合适更有趣的圈子。我想，这样健康自然的"圈子"肯定要比强行逼迫自己和不喜欢的人在一起所形成的"圈子"好得多吧！

B同学：俄美混血，和我同级，是家里的独生子，参加了很多次预备空军的培训（他爸爸是飞行员）。

这位同学虽然从小在美国长大，但是高中第一年过得并不是很好，因为他没有朋友，似乎也没有任何"圈子"愿意接纳他，他变得沉默寡言，独来独往。但是随着第二学年的开始，他好像变了一个人，性格开朗起来，开始和身边的人交往，而且变得很有幽默感，时常在课堂上逗乐大家。

我和他并不能算很熟，不多的几次谈话是因为有一段时间中午吃饭的时候他经常和我坐在一起聊天。他的确是个特别能说的人，滔滔不绝。他对身边的事物有着极高的敏感度，比如他经常会给窗外的植物拍照来记录它们的成长，还会定期和我们分享照片。其实，我和他并不算是很好的朋友，通过这个例子，我想告诉大家，并不是只有中国人或者国际生在"融入"过程中有巨大的困难。即使是一个土生土长的美国人，面对一个崭新的环境也可能手足无措，也需要一段时间去适应。所以对于自己能否适应的问题一定要以平常心来看待，切不可操之过急。我不知道那几个月的暑假中到底发生了什么能让他面目一新，显然，他交到很多朋友和他自身性格的变化是分不开的，所以做一个自信阳光的人，积极勇敢地解决问题，对于"融入"来说也是十分重要的。

C同学：美国人，和我同级，从初中开始就在这所学校就读，有一个弟弟一个妹妹，一家人学习都特别好，做事也很有计划。（弱弱地说一句，她长得特别漂亮，所以我就叫她女神吧。）

她长发及腰，皮肤雪白，宛如天使下凡。但是她给大多数国际生的印象就是一个高冷的女神，因为她几乎不和国际生来往，同时各方面又非常优秀，是学生会的成员，Cross country（美国大多数学校都有的一项体育运动，类似于越野跑）跑得特别快，GPA一直是4.0。虽然不乏对她有好感的男生，但是他们大多都是整天幻想，连话都不敢去说。

我一开始面对她，就感受到了智商、颜值和能力三百六十度无死角完爆我的压力，所以即使有很多共同的课，和她的交流接触也只停留在寒暄问候或者说说作业的事。每次和她说话，我很没有自信，甚至不敢与她碧蓝的双眼对视超过3秒，谈话的气氛自然也是异常严肃。不过，凡事都有转机。我抱着减肥和娱乐的心态加入了Cross country，没想到和大多数队员相比我算跑得快的，在我们这所学校里也勉强混了个Varsity（美高运动队一般分为Varsity、Junior Varsity和C队三个等级，Varsity的水准相对最高）。

由于她也是Varsity，我们每次都被分配在一样的课程里，跑着跑着，自然大家就说说话解解闷。出乎我意料的是，女神非但没有因为我是国际生而排斥我，竟然还主动和我打招呼聊天，这让我受宠若惊。我逐渐开始尝试在老师没有进教室的那段时间和她交流，边看着她碧蓝的眼睛，边微笑着倾听，时不时也会发表我自己的意见。不久，我和她成了不错的朋友，和她说话渐渐也就不那么尴尬了。再到后来，我无意间在Facebook（社交软件）上和她聊天，发了不少最近拍得不错的照片给她，顺便问问她周末过得怎么样，也没想到一聊就聊了很久，而且她完全没有敷衍我，每一条都认真地回复。大脑一热，我顺便问她要了手机号，她竟然爽快地给了我，还叫我把我的手机号也给她。

从那以后，我们经常会短信聊天。我们从同学说到家人，从作业说到大学，无话不说，她甚至把前任男友的事情都告诉了我。周末如果天气好，她还会开车来学校和我一起跑步。她一边跑一边向我介绍新的有趣的跑步路线，聊聊日常生活中的琐事。

我忽然觉得，和美国人熟了以后他们也没有那么特殊，甚至和他们交流更加简单，因为他们有什么想法就直接说出来，通常不会藏着掖着，也不需要费尽心机地去经营复杂的人际关系，对彼此也是比较真心的。

希望女神的例子能给大家带来一些实实在在的启发，出国的同学不管男生女生一定要有自信，要尽可能地积极参加各种活动、课堂讨论以及体育队，因为那是你和美国同学平等交流、互相了解的最佳时机。多接触各种同学，你也许就会和我一样无意间和一些有缘的同学熟起来，并成为不错的朋友。

融入当地生活并不是奴颜婢膝、百依百顺求来的恩赐，而是在积极参与各种活动、努力提高自己、发现志同道合的人的过程中水到渠成的副产品。希望我的文章能给大家一些实实在在的帮助。

最后，祝愿所有美高的同学都能交到知心的朋友，让充满挑战的美高生活不再孤单，更加丰富多彩！

（作者：陈逸初）

第二章

CHAPTER 2

世界因不同而精彩，
我们为精彩而迎战

踏入美国的第一站是安检，入境旅客被要求脱鞋、脱鞋后再穿上的那刻，就意味着以后脚下的路要靠自己走了。

　　美国目前有超过 1 万所的私立中学。与中国统一的混校不同，美国私立学校按照性别可分为男校、女校和混校，按照宗教信仰则有宗教学校和非宗教学校，按照学科分类则有艺术学校等。因此，按照不同划分标准可以分为寄宿（数量少，不到 400 所）和走读（超过 1 万所），单性别和混校，普通学校和特殊高中，等。

　　好的寄宿学校现在申请难度一年比一年大。最新数据显示，每年一个学校招收国际学生的数量一般不超过 10 个人，却会收到 300～2000 份申请。竞争激烈，处于饱和状态。这就导致寄宿中学（包含寄宿初中）为控制中国学生数量，优秀中选最优，对申请者的学习成绩、综合素质、语言水平、软实力和真实性等各方面的考核也日益严格。

　　随着申请人数的大增，走读学校也成为很多家长的考虑选项，因为走读学校也不乏好学校，但是走读学校的水平层次不齐，而且选择了寄宿家庭也面临挑选寄宿家庭和与寄宿家庭相处的问题。

　　其实在美国中等教育阶段，单一的男校或女校占有相当比重，它们遍布全国，历史悠久，教学严谨，是培养美国社会精英的摇篮。

很多知名人物是来自单性别学校。男校、女校中并不是完全与异性隔绝，一般而言男校旁边一定有女校，经常会联谊。

还有一类是教会学校，顾名思义就是由教会出资创建的学校，美国的私立学校无论是寄宿制学校，还是走读制学校，80%以上是由教会出资创立的，两大教是基督教和天主教。教会学校除了强调对学生的学术的培养，还将宗教的理念贯穿于整个教学过程中。学校不要求学生一定成为教徒，但是，学生必须上神学课程，即学习《圣经》，主要学习故事来传递看世界的不同方法。

当然，即使选择了常规类型学校，孩子一样会面临诸多挑战。在中西迥异的文化背景下，除却语言、学习方式、生活环境等问题外，人际关系、生活态度、价值观等方面也将是考验学生适应能力的磨刀石。

下面这几篇文章分别由在美高男校、女校、宗教学校及普通学校就读的学生所写，讲述在别样校园环境里的成长故事：由不安到接受，再到享受，选对了合适的学校，都有精彩的青春。

男校让我受益匪浅

申请 St. Johns Prep（圣约翰预备中学，男校）的时候很多朋友调侃我跟女生"隔离"三四年之后会变成同性恋，看似随意的玩笑，其实反映了大多数人对男校的看法。

我的关注点却从未放在一个学校是不是男校上面，觉得只要顺其自然地积极融入到学校里面，男校和其他学校也没有什么区别。和住家的妈妈交流以后我才发现其实男校有很多特有的优点，让我受益匪浅。

住家的两个孩子今年一个初中毕业，一个小学毕业，住家妈妈为了游说他们毕业后到我所在的男校继续高中和初中学业，可谓是费尽心机。她自然对男校的好处也是如数家珍，甚至为自己当年未能接受女校教育感到遗憾。

她在儿子的初中当志愿者的时候发现一个奇怪的现象：学校会选一批学生来当 tutor（导师），就是一对一的老师，来帮助那些某些科目比较薄弱的同学。几乎所有的 tutor 都是女生。难道男生的学

■ 阿什维尔学校

■ 波特女子高中

■ 达娜豪尔女子高中

■ 菲尔中学

习就没有女生好，男生就没有女生有耐心？其实不是，只是女生给人的印象更加成熟稳重，所以人们认为女生比男生更加适合当老师。仅仅是因为人们并不正确的印象，很多实际上更适合当老师的男生却错失了这个机会，甚至因此影响到他们今后的人生。

在混合学校或社会职场上，某个工作更适合某个性别的人的观念是非常普遍的，但是在单性别学校，每个人都有参加各种活动的机会，从而大大避免了对人才的埋没。对此美国前国务卿希拉里也深有感悟，她毕业于著名的女校威尔斯利学院。作为目前世界上为数不多的女强人之一，她在自传里抒发了自己对单性别教育创造更多机遇的感悟：

"在我上中学时，一些聪慧的女孩因为外界的压力放弃了自己的理想，屈从于传统的生活。在威尔斯利则不同，女生凭实力、勤奋与成就来争取社会的肯定，这也许是女子学院毕业生在以男性为主的专业领域里人数众多的原因吧。女孩子在这里得到了更多的锻炼机会和校内职位。"

此外，住家妈妈觉得男生在男校的言行举止会更加自然。如果你是男生，可以试想一下：去一个全是男生的聚会和去一个有女生的聚会，你的言行举止会有什么不同。她笑言，自己的儿子每天上学都要用吹风筒把头发定型，有时还要花很多时间来抹发胶，重要的日子甚至还要喷香水。如果他去男校，肯定会省下很多时间，也更加专注于学习。异性的存在很多时候会让我们更多地注意自己的外貌，但是，上学的主要目的还是学习，过度注意自己的形象是没有必要的。言行举止的自然更多地体现在课堂上，大家的讨论轻松自如，毫无拘束。在单性别教育下，我们回到了那种朴实无华、不加掩饰的课堂。在当今社会，要找到这样一片人人皆兄弟的"净土"实属不易。

最终的重点还是要落在教育上面，这也是单性别学校最引以为荣的地方。数据显示，美国高中男校学生的平均成绩，比男女合校的学生成绩高7%以上。男女生对不同科目的理解也不一样，女生会抱怨在有男生的数学课上思维被牵着走，男生会抱怨在有女生的英语课上被遏制了表现的机会。当和同性别的人上课时，互相的思维干扰少了，反而有了更多的共鸣。男校在提供课程方面也很有特色，比如我们学校提供了有关科学方面的几乎所有课程，尤其在计算机语言方面。教师中男性也占很大比例，其中不少是本校的毕业生，既保证了师资的数量和质量，又增进了师生之间的互动交流。

当然，男校也有不完美的地方，例如对教学资源的浪费和没有很好的青春期心理教育。在美国这个强调个性与创造力的地方，每个人都追求成为一个与众不同的个体，却在很多情况下遇到困难。

世 界 因 不 同 而 精 彩，我 们 为 精 彩 而 迎 战

很多时候，人们都会匆忙、彷徨和不由自主地随波逐流。每个人都有一颗渴望自由的心，却往往因为各种原因被束缚，在 15 岁到 19 岁这一段最关键而且容易困惑的青春年华，青少年需要及时而有效的心理指导，以帮助他们更好地成长。

Zeal, compassion, humility, trust, simplicity . （热情，怜悯，谦逊，信任，朴素）

这是我们学校的校训，也很好地诠释了美国人对男校本质的理解。

（作者：Robby Huang）

047

感谢女校，让我感受到自己的力量

前不久和一起出国的朋友聊天，谈及如何应对 freshman fifteen（第一年出国的时候长胖 15 磅）的问题，我说我们学校的学生经常去健身房，那里器材齐全且全天开放。就读混校的朋友向我抱怨道："我们学校女生都不太好意思去健身房，很多不穿上衣的男生在运动，而且总是一股汗味。"每到这时，我才会意识到自己在女校读书这一现实。

事实上，我很少意识到我在女校，没有男生的校园生活对我好像没有任何影响，我甚至不清楚女校和混校有什么区别。虽然两年前和父母商量申请学校的时候，我很排斥去女校。

当时我在一所民办初中读书，班里的很多乐趣来自活跃的男生：上课时他们和老师开玩笑，让沉闷的课堂变得有趣；课间休息时他们相互打闹，做出各种糗事，让同学们能在沉重的学习中放松一下；学校的文艺表演、体育比赛的看点也都是男生。女生则安静得多——捧着书认真学习，很少和老师打趣——如果班级里只剩下女生，那该多么无聊啊！

此外，社会上对于女校的偏见也非常多。女校常被认为是非常传统的学校，以前被用来培养社会上层的淑女，如今已经过时了。也有人认为女生在青春期和男生隔绝可能会成为同性恋。这些评论都让我很担心自己的女校生活。然而来到女校后，我发现这些都是偏见。

美国学校的教育是鼓励学生大胆说出内心的真正想法，尝试自己喜欢的事情，勇于挑战自己，所以女生都很有个性，开朗向上。我记得刚开学时在礼堂开 class meeting（班会），老师播放了一首动感十足的音乐，外向的女生就开始跟着节奏跳舞，甚至跳到舞台上释放自己的热情，没有任何顾虑；在课堂上老师和学生的关系也非常好，上课经常变成聊天；加上大家都是女生，共同话题很多，非常容易交朋友。而且，我从没听说哪个女生因为在女校上学而改变了自己的性取向。

在单性别的学校，最大的优点就是可以做真实的自己。在女校的单纯环境中，女生可以更专注于提高自己的能力。事实上，有些女生在男生面前会变得不太一样，比如说不太敢说出自己的真实想法，或者不愿意冒险，以免出错丢脸。而在女校就没有这样的情况，每个女生都在为提高自己而努力，从来不会发生像我朋友的学校女生因为不想看到半裸的男生而委屈自己不去运动的情况。当然，在女校也没有女生为了给男生留下好印象去做疯狂的事情。

此外，达娜豪尔女子高中 (Dana Hall School) 非常注重女权主义（主张男女平等）的教育。现在社会上仍存在对女性的歧视：同样的职位，美国女性比男性收入少；管理层中的男性比例远远高于女性；在英语中有个贬意的短语就叫 do something like a girl（做事情像女孩）。

回想起来，以前学校的女生之所以那么安静，是因为家长和老师都认为女生就应该表现得像淑女，不爱运动、好好学习，而男生则应该喜欢出风头，大胆表现自己。从小就被这样的环境熏陶，女生自然就变得很乖、很安静；如果有女生表现得"像男生"一样，就会被其他女生嘲笑。而女校否认社会上对女生约定俗成的看法。我们的体育队非常厉害，赛场上所有人都拼命，甚至以因拼搏而受伤为荣；课堂上大家都很积极，有时候 free discussion（自由讨论）老师都插不上话；大部分女生的目标不是要瘦身，而是要有肌肉，要健康；搬宿舍的时候大家都是自己扛箱子，从来没有人想着找别人代劳。

在女校读了一年，我觉得自己学会了自立自强，不再那么依赖他人。女校确实能让女生感受到自己的力量，这就是为什么那么多杰出的女性，比如希拉里、芭芭拉·布什、爱米莉·巴尔奇及哈佛大学首位女校长德鲁·福斯特都毕业于女校。

　　我非常庆幸我选择了女校，在这里我学到的东西远远超过我来美国之前的预期。

（作者：Effie）

宗教学校的刻板印象

我曾经收到一封家长私信，询问关于宗教学校的事（因为我所在的 Woodside Priory（伍德赛德中学）是宗教学校。在此也谢谢那位家长的提问）。想起我之前申请的时候，也特地去关注了一下宗教学校，毕竟大多数国人（包括我自己）对宗教学校并不是很熟悉。而且像我们这种无宗教信仰者，很担心自己在进入宗教学校后不能适应。现在，我就以一位在宗教学校上学的学生的视角与感受，来聊聊国内不多见在美国却不是凤毛麟角的宗教学校。

我的学校伍德赛德中学，是一所天主教的学校，可以说你走在校园里是感受得到宗教气氛的。而且我们要学神学课，下面就谈谈这门看似高深复杂的课程。

首先我简单介绍下神学课，这门课程和其他常见课程一样，也是老师教授，同学听讲，平时学习的方式除了需要看书外，还要写写论文。作为三年必修的课程，每周会安排 3 ~ 4 节。

至于课程内容，在课程开始前老师就说过，这门课不是逼我们信教，而是教我们以 open mind（开放的态度）去看待所有宗教和文化。事实上他们的确是这么做的，课堂上所教的内容不是如何让学生信教，而是一些人生道理，有点像哲学课。比如说我们最近在讲的，就是提高效率的七种方式和成为高效率好少年的七个习惯。听起来与宗教有关吗？当然不，不仅听起来与宗教不相干，内容也与宗教不相干。

我曾经收到过一封家长询问私信，大概内容是：我的孩子在宗教学校上四年学，会开始信教吗？对青少年会有很大影响吗？相信这是不少家长都比较关心的问题，而我能给出的答案就是：因人而异。信教的人不一定都在宗教学校上过学，在宗教学校上过学的人也不一定会信教。根据学校的 yearbook（年度手册）调查，我们学校无神论者比信教者多很多。就拿我来说，在伍德赛德上四年学，完全不会把我变成天主教徒。

而关于宗教学校每星期一次的 mass（大集会），实际就是全校聚在校内的小教堂，听听最近的通知，站起来唱唱歌，有些同学会上去表演乐器或者唱歌，有些人则会演讲（内容与宗教无关）。

总体而言，各位完全不用担心宗教学校，虽然每个学校情况不同，但我相信只要是比较好的学校，是不会逼着学生信教的。而且就读宗教学校也有好处，比如说老师友善，校规严格（保证人身安全）。

（作者：Samantha Gao）

"别把自己当孩子"

很多人会发现，美国的高中生往往有比他们实际年龄更为成熟的外貌。种族和饮食也许是一部分原因，但更重要的因素可能是在心理上他们更为独立。这种由内而生的成熟使得美国的高中生看上去不那么像孩子，而更像是有主见和有能力的年轻人。

美国高中生从不把自己当孩子，他们不依赖父母，而以自己的力量去实现愿望。我在美高念十年级的时候加入过学校的啦啦队，队员必须经常去各个赛场为球队加油助威，因此吃住行都需要经费开支，而学校提供给我们的经费十分有限。资金不足给队伍带来了难题。比赛不可能不去参加，队员们的吃穿住行也不能不保证，想办法凑足短缺的资金成了我们解决问题的唯一出路。

作为一个土生土长的中国孩子，我第一时间想到的是找老师。当我自以为"聪明"地用我在国内就学的经验跟队友们建议把难题给教练的时候，她们很不屑地对我说："难道我们还是孩子吗？需要靠老师解决问题？我们应该自己积极想出路才对。"队员们的话点醒了我。我第一次意识到比起美国的同龄人,我是多么习惯于依赖他人。
很快,队员们想出了筹集资金的好办法。擅长烘焙的队友制作了可口的糕点,擅长绘画的队友绘制了醒目的海报,我们大伙儿一起在社区里进行了一场 Bake Sale(烘培贩卖)。好手艺加上好初衷使这场 Bake Sale 得到了社区居民的大力支持。除了通过卖糕点挣来的收入之外,我们还得到了人们很多无偿的捐赠。

整场活动中,我们的教练和学校体育部主任都一直在知情的情况下保持着"观望"的态度。他们选择不干涉却时刻准备着提供给我们可能需要的帮助,这种态度让我觉得他们更像是在对待与他们年岁相仿的同事,而不是一群高中小毛孩。也许,在这个国家,不光孩子不把自己当孩子,大人也不干涉孩子,而是认可与鼓励这一群不把自己当孩子的年轻人。

"别把自己当孩子"的理念更有助于创建自我认可的机制。我在国内的时候并不算是生活能力差的孩子,父母从小也引导我参与家务劳动。然而,我常常有种还是被大人当孩子对待的感觉。从做饭的时候妈妈总会不放心地站在边上,不是担心我切菜的时候伤了手,就是担心我烧煳了肉。洗完衣服,外婆也要把我的"成果"检验再三。我因此有了一种根深蒂固的观念,认为我还是孩子,有些事情我做不好,长大了自然就会了。直到我被"扔"到了美国妈妈凯瑟琳的家里，直到凯瑟琳妈妈放权给我，在我洗衣做饭的时候"不闻不问"，在我忘记开抽风而引爆火警的时候告诉我："没关系，我们都会犯同样的错误。"我的固有观念开始有了变化，我明白了我可以像成年人一样被信任，即使犯了错也不必过于内疚，因为犯错并不是孩子的专利。

　　中国的父母总是担心孩子因为年龄小而缺乏经验，因此对他们充满担忧，总是希望通过"代劳"来避免他们走弯路。然而，不耕田的牛永远不知如何耕田，年龄变大不等于心灵长大。父母若是能学会放手和信任，不再把孩子当孩子，他们就能更快地成长。孩子的适应能力和成长速度，一定会大大超出父母的想象。

（作者: Bell）

不要太在意别人的看法

我叫 Claire，在康涅狄格州的寄宿女校波特女子中学（Miss Porter's School）读书，2015 年秋季入学（15fall)。开学之后我发现了很多新奇有趣的事情，在生活和精神上也大有收获。我就心态和交往的问题讲讲我的经历和体会。

之前我读过一些文章和在美国读书的同学的谈话，其中都提到不要总是和中国人一起玩，要去和美国人交流，不要让别人觉得中国人喜欢扎堆然后瞧不起中国人，或是不管在哪里都有潜在的种族歧视和竞争之类的观点。也许这些现象在北美看起来挺普遍，所以大家不约而同地提到了。去了美国会不会在自己身上也发生这种情况？如果真的出现了种族歧视怎么办？自己在美国高中还会像想象中那样过得顺利而愉快吗？

针对这些问题，我只想说：不要太在意别人对你的看法。就算真的遇到上述情况，你可以觉得委屈，可以和你信任的人诉说，但最重要的是，不要永远沉浸在这种消极的状态中，而要勇敢地振作起来，让别人看到你的力量，用行动让所有人对你刮目相看。

我 2014 年在瑞士的一所寄宿学校读过一段时间书。分班考试的时候，我考进了 English Advanced Level（英语高级课程），班里只有我一个亚洲人。虽然课程非常有趣，还经常有机会去大学里做实验或者去参观博物馆，但长期没有相同背景的同学在一起渐渐让我觉得有些不适应，就像是失去了依靠。欧洲同学聚在一起玩，竟让我隐隐约约产生了这个学校有种族歧视的想法。

在我逐渐变得难过与消沉的时候，学校的负责老师找到了我。他说的一番话令我终生难忘，这份教导也是我在美国高中读书很快就能适应的重要原因。

If you are in a desperate situation，why don't you stand up and strive your own power？（如果你陷入了一个绝望的境地，你为什么不用自己的力量为自己争斗）

记得来到波特女中的第二周，全校同学看了一场关于种族问题的纪录片。纪录片讲述的是关于来自不同背景和不同种族的美国人相互交流和融合的故事。其中有冲突，有争斗，但最后彼此在相互了解与交流中和谐共处。

这个纪录片自然而然地让我联想到自己在瑞士的读书经历。我和那里的同学由于文化背景的不同曾经互不理解，但现在的我已经不害怕了。而且在波特女中这样友好和互助的环境里，我更有勇气站起来，自信地去面对各种挑战。

上周末和一个美国室友深夜聊天，她问我："在这个只有20多个中国人的学校，你会觉得不适应吗？会很想家吗？"我说："会想家，但适应倒是很适应，毕竟我以前有过类似的经历。我很喜欢波特女中，能认识你们真的很幸福。"她坐起身来，很认真地跟我说："在认识你之前，我以为中国人都挺死板的，不爱和人交流，但是你不一样。在我们这个其他三个都是美国人的宿舍里，你很快就和我们打成一片了。而且你和其他中国朋友在课堂上积极发言也打破了我的先入之见。"

我愣住了。以前我也以为由于国籍问题可能会和美国人有一点敌意，但是我在她眼里看到的只有认真。"我当时听说有一个中国室友的时候觉得很有意思，这样就可以了解世界上一个大国的文化了。"她又笑着补充道。有这样的室友何尝不是幸运呢！

在美国排名靠前的高中里，中国学生的数量是受限制的，于是我们就成了"少数派"。但正因为是少数，我们更需要去积极学习其他人的长处，然后充分表现自己，主动融入所处的环境里。在自己不断努力和成长的过程中，不用在意别人怎么看你，就算他们不喜欢你和你的文化背景又怎么样？渐渐总会有真正欣赏你的人站在你的身旁，无关国家，无关种族，无关文化背景。

时代在进步，人类社会的认知又何尝不是！也许在这种多元化的环境里，人们在逐渐互相了解，消除彼此的误会，最终开创出令人憧憬的和谐美好的未来。

（作者：Claire ）

不同的 "合群" 概念

　　似乎就是一个春假的时间，学校已经从寒春变成了夏初，和同学开玩笑说还真不愧是 Spring Break（春假，美国传统节假日）。

　　学校原来那么好看。不是因为它百花齐放的那种多彩和繁茂，而是因为它最简单的绿树蓝天和白云，可以再算上小鸟和天鹅。在某个艳阳天一眼望去，你会惊叹于它如画一般完美的着色，那是真的嫩绿和蔚蓝。风景很美，光线很好，适合散步，适合拍景，适合自拍。

　　这几天进入了雷暴季节，我才领教了亚拉巴马的雨。有一天积水最深的地方一直到小腿肚，勇敢的少男少女们脱下鞋子蹚水去上课。而喜爱雨天的我，却乐此不疲。听着淅淅沥沥的雨伴着时远时近的雷声，隐隐有些害怕，又有些兴奋。雨停的饭后，我执意要去散步。踏在湿湿的草地上，溅起泥水，像赤脚玩耍的小时候。微风吹落树叶上的雨水，细微飘洒在脸颊。青草抚着脚背，我跳起来，避开迷人的小花。

　　而现在，也正是毕业季和考试季。这一届毕业的中国学生有十几个，平时提到申请的大学大家都很低调谦逊，结果却都很好，多是 TOP20（前 20 名）的样子，还有进康奈尔的大神。

　　但真正引起我注意的是一个美国的学长，一个在毕业季疯狂了一把，做回自己的人。他是个高个儿的大胖子（无冒犯之意），有着棕色的及肩小波浪鬈发。有人告诉我，他从小就觉得自己应该是个女孩子，毕了业他就要去做变性手术。临近毕业，他打扮得越发"古怪"，大多是女款的服装，有时候是连衣裙，配上一双大码的坡跟鞋。走近一些，还能看见眼妆和指甲油。有次在上课路上遇见，一旁的国际生对我语气夸张地说"他为什么这样啦，好恶心哦"，说完就很快去了教室。我不理解她为什么要这样说，也很遗憾没来得及对她说 Don't judge（不要妄自评价别人）。

　　也许美国就是这样一个地方。在以前，我会看着新闻惊叹类似的事，而现在，它就发生在我的身边。这里的人更喜欢活出自己的样子，所以每个人看起来都我行我素，偶尔还会有几个较为"出格"的。我突然想到春假回国的第一天，出门穿了短裙（这个温度在亚拉巴马大家都这么穿了），还特意披了件外套。没想到上海的人都还停留在冬季，于是不可避免地，在地铁上收到了审视的眼光。差异就在此，在中国，每个人都希望自己是"合群"的，于是给"特立独行"这个词加上了贬义。而美国的"合群"是指，你首先要是个"特立独行"的个体，然后再融入到一个大环境中。

最和我有关的应该是考试季。五月初的三个 AP 考试（化学、微积分、欧洲史）和数学、化学的 SAT 学科考都迫在眉睫。我列了长长的复习计划表，随之而来的是计划赶不上变化的挫败。有很多东西是要自学的，翻开辅导书才发现有些东西并没有想象中那么简单。

再无措也阻止不了时间，它还是在一分一秒地前进。这里，没有人会告诉你一天要做多少套模考卷，没有人让你把以前的错题抄到本子上，没有人会逼你了。所以，只能自己逼自己了。当初的信誓旦旦总要有兑现的一天，因为你还要带着笑容回家。

时间一步步在走，雷雨之后，就是盛夏了。

有天涂好防晒霜碰见一身摇滚范儿的室友出门，书包背得很高，跟潮流恰恰相反。一切突然有了 2014 年夏天的气息，只是时间已经过了太久。有些焦灼在时光匆匆间已无暇顾及，有些心慌在岁月磨砺下沉淀为麻木，有些思念在变为习惯后还会突然肆虐。

时差倒完以后，我又开始了没有上午的周末。醒来时习惯性地打开倒计时 APP（从一开始只标注回家的日子到现在定格无数考试），瞥见了下边一个已变为橙色的过去的日子。

离在这里上学的第一天，已经八个月了。

（作者：羊绒）

写给你，美丽的女孩

在过去的一年里，我的英语课老师，同时也是我的哲学课老师，给我灌输了这样一个概念：gender（性别差异）。在如今这个崇尚男女平等的社会，无数人站在道德的制高点制定出了针对男女这两种性别的双重标准。然而在美国中学的这段时间，给了我足够多的时间独立思考，慢慢沉淀、积累，让我充分意识到身为一个女孩，其实可以有很多选择。

在我们这个年龄出国的女孩其实具有得天独厚的优势，但是出于自尊和虚荣都会问自己：我在美国会受欢迎吗？我会给出这样的答案：对我们来说，最好的化妆品、永恒的制胜法宝就是自信。

自信是什么？自己相信自己是独一无二的个体。

相比国内的高中生，你会发现在美高留学的女孩更懂得如何去打扮自己。不光是脸上精致的妆容，美高的中国女孩更散发着中美结合的张扬、自信、自由的美，这使她们更有个性和魅力。

自信的前提是什么？你要知道你是谁。

在美高的孩子两极分化是很严重的，在大家都拥有一定的经济实力的基础上，有些孩子用功好强，另一些则把这里当成了离开父母管辖范围的天堂。总结起来就三种：一些女孩每天除了花钱就是向父母要更多的钱；另一些女孩每天把自己沉浸在成堆的教科书里；而真正聪明的女孩每天扬起自信的微笑，精确完美地回答老师的每一个问题，课后与各地的同学们讨论课题，放学以后各种课外活动丰富了她们的整个高中校园生活。

第一种女孩的书包里有一大袋补妆的化妆品、一支永远没有笔芯的笔、一个笔记本电脑和一张你不知道里面有多少钱的信用卡；第二种女孩书包里是各个科目的厚重的教科书和各种活页夹，让你忍不住去问她书包是在哪里买的，质量如此之好；第三种女孩的书包里有一支唇膏，以及她一天的课业所需的物品，不多不少，其他的一切都已经记在了她们的大脑里。

你想做哪一种女孩？

美丽的女孩，"独在异乡为异客"的孤独是有的，所有的艰辛也总有一天会变成尝不尽的甘甜。自信会是你最好的标签、最长久的朋友、最珍贵的品质。

诚心祝愿你在美国的生活如意，学习顺心，找到最真实的自己，为最美丽的自己而绽放。

（作者：杨满月）

属于你我的美高生活

　　酷热难耐的六月毕业季，不管是以欢笑还是泪水结束大学申请的"长征"，都会有这么一群人即将朝着下一个目标昂首前行。不过他们将要开始的，与其说是一段全新的征途，不如说是一次在美国大陆内的迁徙。他们已然度过的时光，是那样独特和不可复制。

　　把镜头从他们拉向我们，我最想怀念的是一段我曾参与其中的故事。

　　在十四五岁这样一个庆祝六一儿童节都不用脸红的年纪，我们却选择了漂洋过海，展翅高飞。

　　踏入美国的第一站是安检，入境旅客被要求脱鞋。我那时并未想到，但现在想来，脱鞋后再穿上的那一刻，就意味着以后脚下的路要坚强地靠自己走了。

　　两年、三年或四年，我们随着春夏秋冬，悄悄地长大成人。

　　女孩们脱下校服，拨开刘海儿，即使最初有那么点青涩，也慢慢学会了戴隐形，化化妆，参加正式舞会。时光荏苒，有多少人还会同我一样怀念那些穿不稳高跟鞋，会因为低胸礼服而害羞的岁月呢？那是最初的我们，单纯可爱，一往无前。

忘不了初来美国时，各种量大料足的食物轮番轰炸。当美食从天而降，Dunkin donuts（唐恩都乐，快餐品牌）、homemade brownie（自制巧克力蛋糕）、cookie（饼干）和 pie（派）把我们变成了"sweet tooth（甜食爱好者）"，加上 Wendy's（温迪国际快餐）的 cheese burger（芝士汉堡包）和不再同国内一般"小家碧玉"的 Pizza hut（必胜客），体重秤上的数字让我们大跌眼镜。

我们从最初的 ninth/tenth grader（9/10 岁的学生）摇身一变成了家中常备 A&F 和 Hollister（美国服装牌子）的 local freshman/sophomore（当地新生 / 高年级生）。严寒的冬季即使漫长难耐，也再不会去惊扰压箱底的秋裤。

女孩们慢慢滋长爱的情怀，不管是在阳光沐浴的海岸和看对眼的"好朋友"追逐浪花，还是在飘雪的村庄把手放进"他"单薄的口袋取暖，在异国他乡，这份青涩纯真的陪伴，构成了我们留学生涯的喜乐伤悲。

这些年的美高生活，除了和"同是天涯小美漂"的留学伙伴们相亲相爱，我们也像海绵一样，兴奋而热烈地吸收着美国的文化。漂流、滑雪、攀岩、跳水，这些高大上的户外运动都不再神秘了。晴空万里的日子，来上一把 kayak（皮划艇），即使人仰艇翻，也乐此不疲。自从知道了 Super bowl（超级碗，美国国家美式足球联盟年度冠军赛）不是个吃饭的碗之后，便开始和美国人一样欢乐地守候橄榄球春晚。很多小篮球迷更是亲自到现场体验了开"火箭"、乘"快船"的爽劲。Cross Country（穿越全美，一个体育项目）虽不是真的纵横全国，3 英里的赛程也是不折不扣的体力和毅力大考验。

美国家庭的独子现象十分少见，一旦入住 homestay（寄宿家庭），很有可能兄弟姐妹都齐全，这还不包括家中"位高权重"的小狗猫咪们。每逢各式各样的 potluck（俗语，大致为朋友聚餐的意思），你还会被认识。不要好奇怎么每个人看到你的第一眼就已经知道你的名字了，低头看看胸前的名牌你会发现美国人还真是有妙招。不过，想要单独外出社交可能并不是那么容易。在美国这个地广人稀的国度，没有代步工具，简直寸步难行。而小留学生们，看着年满 16 岁就能潇洒上路的住家兄弟姐妹，也免不了一阵羡慕。

几年的美高生活，我们所经历的可能并不会是 Gossip girl（美剧《绯闻女孩》）里纸醉金迷、灯红酒绿的浮世乱象，但我相信，那个在静谧的小镇、温和的校园里拿着重重的图书从一个教室跑到另一个教室的情景，才会是未来更令人怀念的画面。

（作者：辛主）

第三章

不仅苦读"圣贤书"，
还要紧抓"窗外事"

在美高，不仅要 GPA 高，还要兼顾运动、社团、社区志愿者活动、课外实习等等。

去美国读高中不就是玩吗？听说下午 3 点就放学了。——这是很多人的误区。

下午 3 点放学没错，但是 3 点后先是体育锻炼、社团活动好几个小时，之后晚饭后就是"漫长苦逼"的学习时间。在中国高中只要学习好就可以。但是在美高，不仅要 GPA 高，还要兼顾运动、社团、社区志愿者活动、课外实习等，充实却也辛苦。

光从学习来说，就已经占了一大部分精力，美高学生熬夜到凌晨四五点写文章很正常。每门课都有一摞摞的阅读材料（基本都在 100 页以上，做作业都需要先读完阅读材料）需要课堂讨论，并在期中、期末独立完成一篇论文。这看起来简单，实则非常难。不阅读根本不会写作业，作业量和难度压根儿不低于大学的。抄袭绝对禁止，一被发现可能会被退学。因此，每门课都需要学生自我独立思考完成。另外，美高是根据学生的水平来选课的，每个学生的课程设置都不一样，在一门学科上比较优秀的学生可能就会选择进阶（AP）课程、荣誉（Honor）课程，所以根本就没有偷懒的机会。

曾经一个记者说道：在顶尖美高读书，都围绕着"4"这个数字：4 小时睡眠，4 杯咖啡，GPA4.0……这真实体现了美高学习的高压性。如何面对并承受这种压力，是每个美高学生必须学习的，而在这种高压下培养出来的学生，更具备批判性思维、独立思考能力和主动学习能力，这也是成功人士不可或缺的基本能力。

　　美高是一个神奇的地方，在这里，每个人的爱好和特长都能得到最佳发挥。甚至有专门的艺术类高中，培养艺术名家。艺术学校的学生需要学习常规的课程，但大部分时间用于艺术专业的学习上。老师专业性非常强，在各自的领域都是名家。在非艺术类高中，艺术课程也比比皆是。比如音乐、舞蹈、戏剧、绘画、雕刻、摄影等，以培训学生的艺术素养。在美国高中毕业时，每个学生都必须拥有至少1个艺术课学分。而在课堂之外，艺术类社团也非常多。爱唱歌，有合唱团；爱表演，有戏剧社；爱舞蹈，有舞蹈社；爱手工，这里有手工作坊……美高的宗旨是鼓励每个孩子发挥自己所长，并且尽可能提供最好的资源协助他们发挥所长。不管是合唱团还是话剧社、舞蹈社等，各个都有专业的老师带领，学校也会尽可能提供各式各样的机会让他们展示才华：比如举办音乐节欢迎所有学生和家长免费观赏；组织大型的表演，提前售票给学生及其家庭、学校周边的居民；有的学校教学楼中有"art floor"（艺术层），从素描、水彩画，到摄影、陶艺，可谓应有尽有，展示学生作品，提高自信心，鼓励创作，提高美学素养。

　　在美高学习和上艺术课程是种什么样的体验？听听学生们怎么说。

我和 GPA 的爱恨情仇

今天，我要介绍一下美国学生和 GPA 的那些爱恨情仇。

GPA 指的是 Grade Point Average，意思就是平均成绩点数。美国的 GPA 标准满分是 4 分，即 A=4，B=3，C=2，D=1。GPA 的精确度往往到小数点后 1 到 2 位，如 3.0、3.45。那么拿到 A（也就是 4 分）就成了每个想要考上好大学的中国学生和美国学生的最大愿望。因为大学在选择录取学生时第一就会看学生每年的平均成绩以及社区义工服务记录，其次才是 SAT、ACT、托福一类的标化考试成绩。

那么，怎么提高平均成绩呢？在这里我想向大家介绍我在美国华盛顿州西雅图上学的同学 Angie，并把她的 GPA 历程分享给大家（当然是经过对方同意的）。Angie 是在国内完成的初中学业，升学到美高后在十年级就读（相当于国内的高一），目前的 GPA 稳定在 3.8，虽说不算特别高，但 Angie 的经历却是十分典型的。

Angie 的 GPA 成绩最低时曾只到过 3.39，那时的 Angie 看到成绩时并没有太大的反应，因为她根本不知道 GPA 是什么，更没有意识到它的重要性。但是面对不理想的成绩，Angie 积极调整自己，先给自己设定了一个奋斗目标：被梦想学校纽约大学录取。先有了追求，才能更努力吧。

为什么 GPA 会低？其实很多中国留学生都像 Angie 一样，首次的 GPA 不理想，这主要是因为对美国考试制度的不了解。美国中学的考试种类一般有 quiz（小测），quest（问卷）和 test（大考）三种，在中国往往只要大考的时候成绩理想就没问题了，但是在美国，每次测试的成绩都会对总成绩造成很大的影响。所以如果你不重视小测试，那 GPA 肯定就会受影响啦。再加上英文阅读量以及阅读速度的要求都比较高，甚至有些诗歌连本地的美国孩子也很难理解。

那我们怎么做才能有效地提高 GPA 呢？首先我觉得态度决定一切，复习绝对是必要的，切记不要临时抱佛脚；平时要多整理笔记，以便考试前复习的时候对所有内容进行巩固和回顾。在了解了考试制度后，Angie 就让自己把每一次作业看成考试，把每一次小测看成大考，然后把每一次大考当作高考去考，久而久之成绩慢慢就上来了。还有就是，上课没听懂的一定要当时就问，要是没抓住机会就下课找老师问明白了再走，如果还是不太明白可以要求老师安排 extra help（额外辅导）的时间。总之一句话，多找老师，老师喜欢勤问问题的学生。

GPA 是与选课息息相关的，课程的难度不同，统计的方式也不一样。举个例子：比如说我上的是荣誉化学，假如我在这门课得了A-，有可能在统计的时候就会被升级为 A，因为荣誉课程的难度比普通课程更大，学校在统计时也会考虑，所以建议大家选择适合自己并且有些挑战的课程。不过一旦你判断这门课程的难度真的无法接受的话，与其硬撑，不如一开始选择普通程度的，力求稳妥。

以上这些细致的小建议都得益于 Angie 同学细致真诚的讲解，GPA 的重要性是无可厚非的，所以请大家务必重视。

（作者：Jim Li）

历史课堂不受限

很多人（包括我自己）都曾经对这么一个问题感兴趣，那就是留学到底好不好。其实我觉得压根儿没有好不好这种说法，因为从不同的角度来看，会有不同的答案。我觉得留学的好处有：空气新鲜，思想自由，接触到不同的世界，有机会和更有资质的老师接触（比如说我们学校所有老师至少都有硕士学历，物理老师是宾大的，英语老师是斯坦福双学位毕业的），有更多的时间去锻炼身体，参加各种活动。

下面我想跟大家聊聊历史课。

我们上学期的历史课为 global issues（全球事务），主要是对有关全球性的问题来进行学习讨论。一学期有三个单元，每个单元都会有各自的 flash cards（记忆卡片）、考试和 project（项目）。但是评分的标准并不主要看考试，project（项目）才是拿分的关键。老师用 badge（徽章）来计算成绩，满分为 15 个 badge（徽章），其中比较有特点的有 creativity（创意）、networker（协作者）、critical thinker（批判性思考者）、risk taker（承担风险者）、overcome obstacles（克服困难者）、technology（技术）和 communication（沟通者）。想要获得这些徽章，不仅仅需要认真对待考试和作业，更要在小组活动时全心投入。

在完成分组以及确定项目题目后，老师也会将课堂时间分给同学来进行合作。尽管最终的项目都要在全班面前进行展示，但是老师看重的不仅仅是你最终能拿出什么样的结果来，更重要的是你是否在小组合作时有认真参与以及提出你的意见。

比如说 risk taker 项要求的，就是和组员一起走出校园，进行调查和采访。也许最终的结果对于整个项目起不了关键性的作用，但最重要的是学生在这个过程中学会了如何与校园外的人进行沟通交流，如何鼓起勇气和不同的组织或者个体交换意见，最终将收集到的资料用于自己的研究。

Overcome obstacles 项主要是为了培养学生坚持、不放弃的信念。在进行小组合作以及材料收集的时候，学生会遇见不同的困难，而以什么样的心态和方法去面对这些困难，这不仅是一个学生在学习上遇到的问题，更是我们在整个人生中都需要考虑和探索的。我曾经为了一个 project，在视频制作上花了好几个小时。虽然最终的成品并不是完美的，历史老师还是毫不犹豫地授予我这一徽章。他说：

"不管你这个视频做得如何，你尝试了，坚持了，努力了，这就够了。"就像我们人生中的许多困难，可能我们努力了很久也不能完美地解决，但是这没有关系，至少我们尝试过，努力过，就算有残缺，但至少没有遗憾。而这个奖章的意义，就在于培养学生面对困难时的勇气与坚持吧。

Communication 项培养与同学的交流，technology 项鼓励大家去接触最新的科技，creativity 项强调展示自我和自信，networker 项使学生去尝试利用人脉与资源。每一个评分标准都是在强调"分数不是一切，死记硬背不是主体，全面发展才是最终目的"。

这也是学校想努力引导学生的，不是如何背诵，不是如何照搬，而是如何利用身边的资源，如何勇敢地去陌生的地方与人交流，如何去和他人合作，如何去展示自信，如何遇到困难不放弃不退缩。课堂所传授的不仅仅是知识，更是做人的道理、处事的原则，以及在社会上生存的技能。

新开始的历史课，开始涉及政府的结构和功能，这对于来自不同国家和文化背景的我来说，又是全新的视角。等这学期结束，必然会有新的收获。

上次在朋友圈看到留学"同党"转发的一篇文章——《你还记得留学时的第一次哭吗》。看了大家的评论，感受很大，因为自己也经历过。

说来有些丢人。第一次哭是还没开学时，当时学校的网球队已经开始训练了。我兴高采烈地去参加高中生涯的第一次校队训练，发现同队的都是打了三四年的老手，不论是体力还是技巧，我都拼不过别人；再加上不知道怎么主动融入，或者是因为刚到新环境以及觉得自己打得不好而胆怯。那天的休息间息，我尴尬地呆站着。本来的一腔热血却撞了南墙，在走回停车场准备和父母会合的路上，眼泪很不争气地流了下来。

其实是不想哭的，觉得这么点小挫折怎么可以打败勇敢地独自一人留学的我呢，可是当时那种无措、不自信、舍不得与父母分别，加上纷繁复杂的各种情绪，眼泪就下来了。但是不管怎样，哭过之后还是要面对。擦干眼泪安慰自己，又装作没事人一样向父母汇报打球的情况，并且很自信地说一定会越来越好。

确实是的，一切在越来越好。

每一天都要有所进步，不用多，一点就好。"骐骥一跃，不能十步；驽马十驾，功在不舍。"

当然，国内教育也有它自身的优点，只不过，这是两种不同的体系、不同的经历。有得便有失，主要看你怎么衡量这种得失了。

我知道在接下来有可能长达十年的留学生活中，我还要面对各种挫折、挑战、机会，比如说 critical thinking(批判性思维)，但是我知道，一切都会变得更好。我终究会在各种挫折、挑战和机会中变得更完美。

就像歌里唱的那样：what doesn't kill you make you stronger (杀不死你的都会让你变得更强)。

（作者：Samantha Gao ）

说说课外学习班

说到中国孩子的课外生活，那肯定离不开各种各样的学习班——从小时候的钢琴、小提琴、奥数到之后的数理化和英语。去美国之前，我认为这是中国特色，美国孩子肯定过着轻松自在的生活。

直到我来到美国上学，才发现我错了！

美国学校通常在下午两三点钟放学，之后的时间由学生自由支配。于是丰富多彩的课外生活开始了，有学生利用这个时间进行体育运动，有学生选择参加乐团、戏剧、舞蹈等艺术活动，还有对某些学科特别感兴趣的会去钻研学术。

与国内孩子几乎人人参加的课外学习班不同，在美国只有家庭条件不错的孩子才会参加课外学习班。原因有以下两点：

（一）不像公共交通工具发达的国内，在美国出行要靠汽车，所以孩子参加课外学习班没有家长陪同是不可想象的，而美国家长的下班时间是在下午五六点，也就是说要想让孩子参加课外学习班，必须要牺牲掉工作时间来接送。这也是为什么很多美国同学的家长，尤其是妈妈，会在孩子上学期间选择半职工作，或者干脆在家做全职妈妈。如果家里经济条件不是很好的话，这么做自然是不被允许的。

（二）参加课外学习班都需要交学费，美国家长可不是中国父母——可以为了孩子省吃俭用不惜一切，而且美国家庭一般都有好几个小孩。

所以人与人之间的差距从小就被家庭经济条件的好坏无情地拉开了。

在美国除了以兴趣为主的课外学习班，还有一种课外学习班是以提高标准化成绩为目的的，其中最热门的当属 SAT/ACT 考试辅导。

单拿 SAT 来讲，根据 College Board 官方网站（https://professionals.collegeboard.com/testing/sat－reasoning/scores/averages）的数据，2013届美国高中毕业生 SAT 各个单项的平均分分别是：阅读 497，数学 513，写作 487。三科叠加起来的平均成绩是 1497（满分 2400），这个分数我相信在国内接受教育且英语成绩还不错的同学都可以轻而易举地拿到。

这里要补充一点：与国内非常不同，美国的学校是不教授 SAT 考试内容的，而是只提供高中课程。从这组数据中我们可以看出，在不进行考试培训的教育体制内，大部分同学的标准化考试成绩并不理想。所以在 SAT 考试之前，美国学生也同样需要在课外接受培训才能考出好成绩。目前为止我还没听说过哪个考高分的美国学生是完全自学的，这也可以证实我的看法。

综上所述，课外学习班绝对不是中国孩子的"专利"！比起愿意在孩子的教育上大把大把花钱的中国家庭，在美国只有家庭经济条件宽裕的学生才会参加课外学习班。而大学录取的时候，不但看你的标准化考试成绩，更综合看你的课外活动都有些什么。所以请各位同学务必珍惜自己享有的资源！在这里也同样要感谢我的父母对我的付出！

（作者：Rachael Song）

我在大洋彼岸学舞蹈

我想大概每个女孩子都有过关于舞蹈的梦想, 想和电视屏幕上的漂亮大姐姐一样, 穿着白裙子, 站在那束追光灯下翩翩起舞, 我当然也不例外。很小的时候我就开始学习民族舞, 小学的时候也曾是舞蹈队的一员, 可惜我这人有个毛病——学得快却坚持不住, 三天打鱼, 两天晒网。到了小学高年级以后, 又专心于学习, 就再也没碰过舞蹈了, 曾经那个旋转翩飞的梦想也在短暂一闪之后被遗弃在了角落里。

美高第一年结束后的暑假, 我待在家中, 下意识地浏览着学校的网页, 心想下学年的 afternoon program (下午项目) 选什么好呢, 忽然间, dance ensemble (舞蹈剧) 的字样跳入我眼中。

Hey! Why not? (为什么不呢?)

我们学校在秋、冬、春这三个季度都设有舞蹈队, 秋季和春季比较适合 experienced dancers (有经验的舞者), 在季末将有一场 all-school show (全校秀), 冬季则比较轻松, 提供一些基础的舞蹈训练，适合所有的学生。严格来讲，我并不算是 experienced dancer 就是小时候学的那些三脚猫功夫，经过这四五年的时间，也早已经忘得一干二净。但我这个人还有一个毛病，就是心野，直接报了秋季的 dance ensemble。趁着暑假匆匆忙忙上了十几节爵士舞的课，便揣着一颗忐忑的心向美国奔去。

Dance ensemble 的第一节课我就蒙了，差点要打退堂鼓。舞者里不乏舞龄超过十年的专业舞者，比我年纪还小的初中生们却已经上了无数次台，最少的也有一两年的经验。而我呢，头脑空白，四肢也不发达。费力想要跟上老师的教课速度却一点都记不住舞步，听周围的人热烈地谈论着她们最喜欢的舞蹈类型却像在听天书，更别提放眼望去都是姑娘的大长腿和纤细腰肢，顿时感受到了来自技艺和颜值的双重压力……

第一节课结束，我和老师谈了谈。我说："I am afraid I can't do this.（我担心我学不好）"我又说："But if you think I can do this, I will work really hard. I really will.（但如果你觉得我可以，我会很努力地学习）"就是抱着自知不合格，不想拖累大家最后的表演，却又不甘心就这么放弃的心态吧，而老师对我说："I think you can do this.（我觉得你可以）"

那我就只能拼了。

今年的 fall trimester（秋季学期）格外短，两个月时间就要到期末，也到了 dance concert（舞会）的时候。在两个月里，我开始慢慢习惯，放松。从一开始天天躲在最后一排，站在连老师都看不见的地方，到逐渐向前排移动。在老师或者 choreographer（编舞者）教我们时，逼迫自己全神贯注，调动每个脑细胞去记忆他们的动作和姿态。在最后几次练习课上，我猜想有那样几个瞬间，我不再感到紧张，也完全没有在想自己做得对不对，而是感觉到了舞蹈的美，觉得在跳舞的自己很美。

Dance concert 的第一次彩排，我又蒙了。Required make-up（需要化妆），hair style（特定的发型），fast change（快速换装），还有一堆我从没听过的专业术语，源源不断地扑面而来。作为一个年方二八却完全不会化妆的姑娘，作为一个小学五年级以后就再也没有在舞台上跳过舞的姑娘，看着周围妆容精致、仪态翩翩、胸有成竹的姑娘们，再一次感受到了压力。更可怕的是我这人还有另外一个致命的缺点，就是玻璃心。此时的我已经不堪重负，只想逃避，满脑子都是"I don't want to do this（我不想做）"和"I can't do this（我做不来）"。

幸好这时候有人发现了我的不对劲，就姑且叫他 D 好了。几个回合我就缴械投降，把内心的压力和安全感缺失一股脑儿说了出来，接着是大哭一场，然后被 D 大骂一顿。挨完骂我心里倒是痛快多了，还怕什么呢，继续拼呗。

正式的舞会有连续两场。用一句话来形容我在这两场的表现，大概就是第一次差点哭场，第二次已经笑场。两次都不是什么专业的状态，但我想，对我个人而言，能有这样的进步已经很不错了。到最后能笑着完成我秋季学期最大的一个挑战，对我而言已经足够了。

灯光亮起来，所有的舞者和工作人员并肩站在一起，观众席上传来一阵阵的掌声。我们笑着，手牵着手，向大家谢幕。灯光打在脸上的感觉，好暖。

一切结束后，我收到了一个惊喜。我们的老师特意为我设了一个奖，评我为 most improved dancer（最具进步舞者）。我把那张奖状接过来的时候，脸上有些发烫，因为我深知自己还担不起舞者这个词的真正意义，同时我又觉得好值得，坚定了春季学期继续做舞者的心。

来了美国以后，我有了更多时间好好练我的吉他，我开始了跳舞，我在学 art history（艺术史），立志不做在博物馆走马观花、不懂装懂的一员。小时候我想有个舞台跳舞，现在既然我找到了舞台，就不会再轻易放弃，哪怕我身上的缺点很多。我啊，我要在剧场的舞台上跳舞，也要在美国的舞台上跳舞。

（作者：Shirley Zhou）

戏剧课的执念

　　在学校的最后一天, 我伫立在戏剧课教室的门前, 心情久久无法平静。在我初来加拿大最青涩最无知的五个月时光中, 是这门不会教给我任何学术知识的课, 带给了我人生中最宝贵的财富, 促成了我破茧成蝶的蜕变。

　　恍惚间, 时间倒回了第一节戏剧课的时候。

　　我们玩抛球点名的游戏, 但我没想到, 全班唯一一个没有被点到的就是我。当全班同学都被点到名字坐下的时候, 只有我一个人站着, 因为没有一个人点我的名字。我尴尬地站在那儿, 看着金发碧眼的加拿大同学, 他们肆无忌惮地说笑着, 那一刻我感觉到好像有一根针忽然刺痛了我心中最脆弱的一块地方, 曾经在国内时被朋友包围的场景如海啸般占据我的脑海, 我几乎快要喘不过气来了。

　　那一天, 我第一次意识到, 什么叫种族差异, 什么叫语言差异。

　　我绝望地认定, 在这个班, 只有一个亚洲人的班, 我注定就是那个 outsider（外来者）, 那个永远只能看着加拿大人欢笑却无话可说

的 outsider 第一次表演任务下来，我觉得我终于可以放手不管了。反
正我一个外国人，英语没有他们好，创造力不如他们，我完全没有
理由去安排这个表演。在我的想象中，加拿大人很会小组合作，很
有创造力，我这个外国人自动靠边是最明智的做法。这是我人生中
的第一次退却，但现实给了我一记大大的耳光——我碰到了一个一
周五天可以逃课三天、迟到一天的队友，所以小组合作的分我们组
只得了 50 分（总分 100 分）。人生中第一次不及格就像一声初春的
闷雷，骤然间惊醒了我消沉的心。当时拿着 50 分成绩单的我几乎是
含着泪咬牙切齿地许下这样的执念——我要改变，我要掌控自己的
命运，我要成为当之无愧的 leader（领导者），成为那个超过全班加拿
大人的外国人。

　　成绩仅仅是 50 分，上课甚至不能全部明白老师的授课内容，说
起英语来结结巴巴，完全无法理解加拿大人的笑点，我知道，我完
全没有资格许下这样的执念。不论怎么努力，每次分组加拿大人都
不想和我一组，排戏也不愿意听取我的意见，选角色时我只能挑他
们挑剩下的角色，完全没有戏份。他们根本就不信任我，我知道，
这样残酷的现实，可能根本不是我许下这样一个华丽的执念就可以
改变的。

　　有时候我会质问自己，有这个必要去和他们争吗？既然明知道

这不可能实现，为什么还要去偏执地努力呢？但是执念真的是很强大的东西，它让我这个原来"骄傲"的人有了在这场残酷的竞争中一点点剥下我"骄傲"外表的勇气。我终于明白戏份都是抢来的，别人不想背稿而想删掉那段戏，我就赶紧抢过来说别删了我可以演。仅仅几句台词我却每天都练习，每晚几乎都是在无休止的念台词中入睡，每天都在地下室手舞足蹈，想着怎么加动作可以演得更好。在这条我从未涉足的演艺之路上，我一个人跌跌撞撞地前进。终于，皇天不负有心人，第二次表演完后大家说我们组的优点，竟然有人说我表演得特别好，那一刻我忽然热泪盈眶，一切努力终于没有白费。

从别人不要的戏份中挑戏来演，我得了全班唯一的满分，但是我并没有就此满足。

第三次表演，我主动提前写好了剧本的灯光和动作设计，组员看到以后都很惊讶，说他们甚至不知道我做了这些。有两个男生忽然问我中文的 thank you（谢谢）怎么说，要跟我道谢。

那一刻，一股很酸也很甜的暖流忽然占据了我的心——当一个格格不入的外国人终于得到了他们的认可，哪怕只是一句很简单的谢谢，都让我激动得难以表达自己的感受。我理所应当地成了小组里可以安排一切的人，编剧、导演、灯光、音乐，全都可以经我的手来安排。我从来没有想过，我这个外国人也可以胜任这些，老师再一次专门点出来说我表演特别好，我写出来导出来的剧是我们班唯一一个满分的剧。想想第一次表演我们组糟糕的情境，我完全没有戏份，到现在我可以掌控整个小组的演出，我们组是唯一的满分，我才发现自己远比想象的强大。当初我以为我写的东西肯定没他们的好，我肯定没有他们更具表现力，但我完全错了，我高估了别人，低估了自己，只要真心投入，又有什么难的呢？之后的每次表演，我所在的组都是得分最高的，而期中老师给我的评语就是有很强的领导能力。

凭借着强大甚至偏激的执念，我终于成了那个成绩比所有加拿大同学都好的外国人。但是，就当我以为"苦难"终于结束，我一次次地证明自己终于可以换来加拿大同学选组时对我的 offer（青睐）时，我又错了。最后的 movie scene（电影场景），还是没有一个人主动提出跟我一组，但跟刚开学的手足无措不同，至少加拿大教会了我作为一个格格不入的外国人如何自强。没有人想和我一组，就自己去组组，一样可以做导演、编剧和主角。但是，我一次次求别人跟我一组，却一次次被拒绝，一次次的失落渐渐变成绝望。我清楚，如果自己当不了 leader，到加拿大同学的组就只能当配角，甚至是外来者。

一切只能自己去争取，即使看不出一丝成功的预兆，这也是我唯一的出路。

被连续拒绝八次，我还是不愿意放弃。我甚至放弃了花了一个周末写好的剧本，重新换剧，是执念让我偏执地向前。终于，付出得到了回报，我如愿找到了适合的演员，写出了自己满意的剧本，导出了自己喜欢的剧，自己设计灯光、选择音乐，这是一场完全由我经手的戏。

在那个最奇妙的电影之夜，空灵奇异的音乐仿佛从遥远的时间尽头响起，音符跳转中，耀眼的灯光骤然亮起，华贵的墨紫裙摆流光溢彩，金色的皇冠绚烂如星，我缓缓地转身，仿佛这个世界都不存在，而我，就如我演的角色一样，就是那晚的女皇。演出取得了巨大的成功，舞台下掌声雷动，台上的我品尝着赞美的甜味。

其实那一刻才终于明白为什么自己如此迷恋这个舞台，当你有机会展示自己、证明自己，当大家对你投来赞许的目光，不管之前付出多么大的努力，其实都值得。

第二天上课，老师对我们提出了三个问题——最喜欢哪个组的表演，谁的表演，觉得谁进步最大。我没有想到的是，全班有近一半的人都说喜欢我们组的表演，一场完完全全由中国人编剧导演的戏；有四分之一的人说最喜欢我的表演，我，一个中国人，竟然也成了全班四个表演最好的人之一；还有四分之一的人说班里进步最大的是我。

之前在中国，我从来没有得过什么进步奖，这是我十六年人生里获得的第一个"进步奖"，它让我欣喜若狂。我没有想到，跟我算不上熟的同学会说，他们很难想象一个英语是第二语言的人能够完成这么长的表演，能够背下全班最长的台词，写下整个的剧本。老师让他们想象一下假如他们跟我在一样的处境中，在不同的文化和语言背景下去完成这样的表演，背这么多台词，需要付出多大的努力。我们组是唯一一个每堂课每时每刻都在认真排练的组，这足以说明一切。有一个女生说，全班几乎所有人都没有付出最大努力排练，但只有我们组做到了。"当我看到他们所付出的努力终于得到了回报，我知道那是他们靠辛勤的努力换来的，那一刻我觉得，他们就是最好的。"

那一刻，当看到他们这么真诚的肯定和赞美，我几乎要流下泪来。当时的我上课什么也听不懂，完全不能融入周围的环境，同学们不信任我的能力，不断默默地努力还是换不来他们和我一组的想法。我以为自己的努力都白费了，没有人看到也没有人承认。然而，上天还是没有放弃我，让我终于有机会实现自己的抱负，展示自己的能力，并且最后，我终于让所有人都看到了我的努力，承认了我的付出。当彩虹终于在风雨后出现，一切的努力终于得到回报，曾经看起来不可能实现的执念终于成为现实，我终于明白，其实我的努力他们都看在眼里，或许一时没有反响，但只要付出别人十倍百倍的努力，终有一天别人会看到，终有一天你的能力会被承认。

学习就像万米长跑，就算我完全输在起跑线，但只要付出十倍百倍于别人的努力，最后冲刺的赛道上他们一样会看到我的背影，曾经以为自己的努力他们都没看到，那不过是因为我一直到了九千米的地方才超过了他们，他们曾经的视野里才一直没有我。输在起点不重要，孰胜孰败不到终点又怎会知晓？其实我也知道，我还太年轻，没有进入社会，单是学校里的生活实在是太单纯太简单了。我的生活几乎没遇到过什么大的磨难，几乎没有遇到过越不过的坎儿，所以我始终都坚定地相信，我的努力终究会有被看到的一天、被承认的一天、得到回报的一天。我完全不懂江湖险恶、人心难测，我就是很固执地相信有志者事竟成，苦心人天不负。或许这个想法很傻，但至少现在，我依旧愿意去相信，很多事情，除了努力别无他路。我想这是最积极的"无可奈何"，我愿意为了那可能仅是百分之一得到回报的可能性而努力，就像现在，苦等一个学期才得到了全班的肯定，但这并不算晚，这已经足以让我心怀感恩了。

这五个月就像是一场残酷的冒险，刚开始的路上布满了荆棘，它残忍地折断我的棱角，否定我的过去，我被迫渐渐明白了一些我

十六年人生中不曾明白的东西——孤独、挫败、不被认可、默默无闻、
文化差异等等，这些东西一次次让我失望甚至绝望，让我一度认为
自己的努力不会被人看到，自己永远也看不到努力收获成果的一天。
但是，感谢它，一次次在我最失望绝望的时候让我看到了希望的微光，
哪怕是表演后的一句赞美，哪怕是那声简单的"谢谢"，就已经给了
我足够的力量让我重新开始，重新向前。它让我有了学习何为绝望
的机会，让我有了重得希望的勇气，让我学会一个人即使孤独也要
骄傲地走，即使困难重重也要不断前行。

戏剧教会我的是何为执念：从我拿到不及格时许下那看似可笑
又不可能实现的执念，到实现了从不及格到全班第一的飞跃，给了
我越是不可能就越要去拼的勇气和坚持；让我能在加拿大人的世界
里倔强地前进，付出一切去证明中国人的勇敢和坚强；让我能真切
地感受到，每一天都在成长，在蜕变，在按照自己心里想走的路前进。

我知道，在这样陌生的根本不属于我的环境里，困难的时候能
帮我的只有自己，只有自己强大，才可以继续前进。从原来遇到困
难犹豫不决，到现在义无反顾的坚持，其中不乏眼泪和心酸，但积
极向上一直是主旋律，而执念就是支持我前进的最大动力。

（作者：杨乐乐）

第四章

强健的不只是体魄，
还有意志和心

在美国，除了体育是非常重要的考查指标外，

达不到需要完成的志愿者时间，也是无法毕业的。

　　可以毫不犹豫地说，体育是美高非常重要的一部分，这跟美国重视体育的文化分不开。在美国，体育是全民运动，不管是穷人还是富人，都很重视体育。这里所指的体育是竞技类体育，比如篮球、橄榄球等。每年超级碗（Super Bowl）都是美国大事。在美高，学习成绩好、但是体育很烂的人可能会被叫作 Nerd（书呆子），校园里最受欢迎的往往是体育非常强的人，篮球队队长、游泳队队长、橄榄球队队长都是学校最受欢迎的人之一。而在申请美国大学时候，体育也成为非常重要的考查指标。一些学习不好而体育非常强的人可能会进入常春藤名校，直接进入校队，而一些学习很好而体育方面很不出彩的人，可能会被藤校拒绝。因此，体育的选择就至关重要了。

　　相比非洲裔和白人，亚裔的身体素质没有那么强壮，因此在体育的选择上面，竞技体育，尤其是篮球、长跑等很难玩得特别出彩。很多人就会选择对抗性没有那么强的运动，如游泳、马术等。升学只是一方面，对体育的热爱能培养孩子的专注度（通过努力获得自己想要的）、团队协作能力、不放弃的坚韧度和承受失败的能力，从而用强健的体魄和坚强的意志为未来人生打下牢固基础。

除了体育，美国升学考核也很看重社团活动和课外课程。美国中学经常会组织志愿者项目，小至做学校的义工，大至去第三世界国家参加志愿项目，这些都需要学生亲身接触、动手劳作，从而培养学生的社会责任心和同理心。

在志愿者活动中，出身城市的学生看到并亲身感受到世界贫瘠和不那么友好的一面。在短暂的震惊后，这些孩子会意识到个人身上的担子，思考自己对社会的责任，从而成为更有用的人。

崭新的世界

　　闲暇或是忧愁的时候，我总喜欢一个人在海边静静地坐下，望着蔚蓝的天空，听着波涛的声音，想着远在地球另一半的同学家人们过得快不快乐。

　　独自在美国学习生活已是第二个年头了，有过彷徨、失落、无奈，也有过快乐与惊喜。离开了中国这片生活了十五年的土地，我确实失去了很多：不再有家人近在咫尺的关怀，不再有外婆外公做的糖醋排骨、鱼香茄子，不再有熟悉的母语回荡在耳边，不再有从小到大的玩伴陪伴左右。踏上这片陌生而又充满了希望的新大陆，曾经娇小、依赖他人的我也慢慢变得坚强、独立和勇敢。

　　美国的寄宿高中是一个温暖的大家庭，从课堂到宿舍无不洋溢着欢乐亲切的气息。课堂生机勃勃，不再有枯燥无味的板书式讲题做题，更多的是同学之间激烈的观点讨论和分享；不再有老师每日催促着交作业，所有的教学大纲和每日作业都在学校的网站上清楚地列出，愿不愿意按时完成要靠学生的自觉性；在宿舍里有像父母一样体贴照顾我们的 dorm parent（宿舍监护人），他们的家庭也同样和我们住在一起；每天 study hall（自习）前后，他们都会为我们准备精致的蛋糕、巧克力、饼干、冰激凌等等；周末，宿舍还会集体组织去看电影、逛街；秋天的时候去参加镇上的苹果采摘节，冬天去滑雪，春天一起去海里游泳等等。

来美国之后令我感触最深的就是强烈的 team spirit（团队精神）吧。大多数寄宿高中都会要求学生参加一项集体性的体育活动。来美国之前，我的体育成绩非常一般，也没有很好的耐力。初到美国时，在选择体育活动的时候我非常焦虑，害怕自己给队伍拖后腿，在参加 cross country（越野跑）训练时总是一个人默默不语地跟在最后。令我意想不到的是，其他队员察觉到我的沉默之后都主动来鼓励我、支持我。第一次参加比赛的时候，我是整个队的倒数第二，当时觉得非常难堪，然而其他队员甚至是其他学校的人都在终点为我大声地加油，那一刻我着实被打动了。比赛结束后同学和教练都不停地称赞我的毅力，并鼓励我在下一次的比赛中取得更好的成绩。经过一段时间的训练，我的速度提升得很快。曾经让我跑得筋疲力尽的八百米，如今可以轻轻松松地在三分二十秒之内跑完；曾经爬山走走停停的我，如今也可以顺利地跑完穿梭于森林山坡之间的五公里。这些都离不开教练每天规律系统的训练安排和队友们积极的鼓励支持。

来美国之前，学习几乎就是我生活的全部，家长老师无不紧紧地盯着周考、月考、期中考、期末考的排名。来美国之后，GPA 渗透于每天的课堂之中，考试成绩不再是唯一的指标。更多空余的时间让我有机会去图书馆看自己喜爱的小说，去健身房锻炼，和同学去校园旁的咖啡馆，去琴房练乐器，去看话剧、音乐剧、魔术表演、舞蹈表演，去听音乐会，去参加志愿者服务（例如 2014 年圣诞之前为社区的贫困家庭做姜饼屋），周末去波士顿购物吃饭，等等。每天的生活都是无比充实。

能够来美国高中读书确实是幸运的，看到了一个崭新的世界，认识来自不同国家的同学，这都是我一生中最美好最宝贵的经历。

（作者：May Xia）

谈美高，不可避免的运动

　　美国是一个完美诠释了"生命在于运动"的国家。不论何处，都能看到在享受运动的不同年龄段的人们。公园里从来不缺跑步、玩足球的人，路上也常见骑着单车的运动员，在我们学校附近的小道上还能看到着装利落的马术骑手与他们的爱马散步。我甚至还看到有些推着婴儿车的父母在跑步，真正的"从娃娃抓起"呀。到了高中，运动就更重要了。不仅有各种运动、不同级别的校队，还有不同学校之间的比赛，如果成绩好，还可以参加更高级的比赛，例如州级比赛。体育能力突出的同学，更是可以通过体育特长进入不错的大学（我们学校几年前就有一位通过帆船运动进入耶鲁的学生）。通过参与不同的体育活动，新生还可以认识到与自己志同道合的人，也可以更快结交朋友，融入校园生活。总体来说，在美国，参与运动可以让你受益多多，是一项必备的技能。对于我，这个 2014 年一年参加了两项运动的体育新手来说，运动带给我的感受不仅仅是身体的强健，更多的是我之前并没有想象过的体会。

在开学后的秋季，我参与了 tennis varsity（网球校队）。因为是
刚刚开学，所以当时很多队友都是新生，毕竟大家都有着相同的爱好，
也就更容易找到与自己志同道合的朋友。与此同时，放学后的训练
时间也可以让我有更多的时间去和同学交流，并且因为平时每个人
有不同的课表，训练时间也提供了更多的机会去和平时不在一起上
课的同学接触。此外，体育活动不仅可以帮你结识到同年级的学生，
还可以帮你认识高年级的学生。我现在认识的很多高年级同学都是
因为运动而结缘的。在长达两个多月的训练和比赛中，每天的共同
训练在培养了学生团队精神的同时，也增强了团队的凝聚力。不得
不承认，参与体育活动可以帮助你更快地融入校园生活，并且得到
更多交新朋友的机会。

在春季时，我参加了 softball team，也就是女子垒球队。垒球是
一项我在国内时完全没有接触过的运动，可是我完全没有想到，挑
战这样一项对于自己来说很陌生的运动，会让我有如此多的收获（其
实对于那些在国内时并没有突出体育特长的女生来说，我个人非常
推荐这项运动。它并没有很高的耐力、速度或者力量要求，也不会
有肢体冲撞，更多的是三者的结合以及迅速的判断能力，是一项智
力游戏）。

因为垒球对我来说是一项陌生的运动，所以在刚开始的时候我确实花了一些时间去学习规则与动作。通过不断地向有经验的学生和教练请教，加上每天两小时的训练，我已经逐渐可以和队友一起打比赛了。

当然，进行体育活动前也要有相应的心理准备和身体准备。虽然之前在国内时我感觉自己的体能还不错，可是来到美国学校才发现，很多当地学生都是从小就注重身体健康并且有着长期体育锻炼的习惯，所以在体能上还是感到有些落差。比如说在训练之前我们都会有常规的两公里跑。刚开始我的速度很慢，并且在下半程很容易感到疲惫，不过经过一段时间的训练后，这种现象就很少发生了。虽然不能和跑田径的同学相提并论，但是最起码可以完成基本的体能训练，也明显地感觉到了自己在耐力上的提高。后来，我甚至喜欢上了跑步这项运动，平时周末有时间也会自己一个人跑，不求能迅速地成为跑步达人，只希望自己能有更强健的身体。

更重要的是，垒球不仅让我了解了一项新运动，还让我跨出自己的舒适区，培养了我接受新挑战、遇到困难不放弃的精神。我曾经因为连续的失败，在训练后躲到洗手间大哭，也曾因为身体的疼痛而偷偷落泪，更有过放弃的想法；但最后我还是选择了坚持，毕竟没有过不去的坎儿，不能轻易放弃，通过自己的努力慢慢提高自身的能力，与别人的差距也会慢慢缩小。

当 season（赛季）结束时，回望自己三个月的棒球生涯，我很高兴当初选择并且坚持了这项运动。那些曾经让我哭泣的挫折，也变成了帮助我成长的台阶，所有的付出都是有回报的。我从当初那个都不知道站在哪里、只会躲在队伍最后的胆小"菜鸟"变成了第一轮就能上场的 outfielder（外场手）；从当初连动作都不规范的新手，变成了在最后一场比赛得到众人喝彩的第七棒；也从当初那个徘徊在自己的舒适区不愿离开的女生，成长为勇敢接受新挑战的人。最后，我所在的棒球队得到了所属联赛分区的 championship（冠军）。

对于棒球，我还有很多需要学习和改进的，比如面对压力时的镇定、更规范的动作、更准确的判断等等。但我仍旧期待新 softball season（垒球赛季）的来临。虽然我知道自己会面临更多的挑战，可同时，挑战也意味着能使自己成为更好的自己。

在美高进行体育锻炼的确是一件好事，虽然有些时候因为比赛而不得不缺课，从而需要你付出比别人更多的时间和努力去学习，但是所有的努力都是有回报的，我们收获了很多在课堂上无法获得的体验和经历。

　　希望每位同学都能找到自己真正喜欢的运动并且努力把它做好，永远不要害怕尝试新的技能，因为没有尝试就没有成长。希望大家不仅能收获一个健康的身体，还能成长为更强大的自己。

（作者：Robby Huang）

关于体育的选择

　　体育，是美高永远的热门话题。 同学见面问名字、问来自哪里之后就会问：What sport do you play（你有玩什么运动）？ 如果你没有参加运动，难免会有些尴尬。不少同学都疑惑为什么要参加某项运动的校队，有什么好处，除了运动外真的就没别的选择了吗?

　　在我的同学中，H 是美籍韩裔，他选择的运动是高尔夫和棒球。在 H 看来，首先，体育可以健身并且带来很多乐趣，其次，如果在运动队里出类拔萃的话对申请大学很有帮助；J 是土生土长的美国孩子，他选择的运动是橄榄球和篮球，J 从小学开始就加入各种运动队，平时也非常关注 NFL (美国职业橄榄球联盟) 和 NBA，运动对他来说已经成了一种习惯和爱好；T 和我一样是中国留学生，选择的运动是摔跤，因为觉得很好玩所以大胆尝试的 T，把摔跤当成了一种融入美国文化的方式。在美国没有像中国这样的体育课，所以像我的同学 K，选择田径的主要原因是想让自己的体能保持在理想状态。

　　很多同学都担心运动会扰乱自己的时间分配，对此我想说，时间是可以挤出来的，例如像田径这种个人运动，自由度其实是非常高的。如果你在学期中感到业余时间被过度占用，也是可以选择退出这项运动的。

纵观身边同学的情况，对于美高运动这方面，大概有这么几项特点，希望能给大家带来参考。

首先是占用时间。一项体育运动，如果你认真投入的话，占用的时间比大部分课程都要多。当然不同的学校的体育比重也不一样。在运动强校，校园的体育氛围非常浓厚。学校当然希望运动员们百分之百地投入到每天高强度的训练中（我们学校星期六都要训练），有时甚至会把学术的重要性排到次位。然而，在一些规模相对小的学校，运动队和各种社团的重要性差不多。出去比赛也不会那么注重名次，所以训练的强度和频率也会减少。

其次就是有助于大学申请，常有人问我这是不是真的，我的回答是肯定的，但前提是要在运动队里表现出色。我们学校 2014 年去MIT（麻省理工）和哈佛的学长都有很好的运动成就。不参加运动申请大学就没有优势了吗？不一定，每个人都有自己的长处和特点。我认识很多没有参加过运动的人在机器人、音乐等领域的成就也让他们的简历非常闪光。

再有就是运动基础的要求，不少在美国校园流行的运动在国内是比较冷门的，所以在参与不熟悉的运动项目时，具备一定的运动基础一般来说是必需的，除非你是真的非常有天赋。就算你去运动的目的只是为了强身健体，扎实的基本功也可以帮助你更好地保护自己，远离伤痛。

最后自然就是乐趣了，无可否认，运动的一大魅力就是给人带来快乐。如果想避免经受职业运动的痛苦磨炼，只想单纯享受运动乐趣的话，美高还有别的选项供你选择：Intramural Sport（校内运动项目），这是课后学校组织的一种以娱乐为目的的运动，没有任何要求，没时间可以不去，什么人都可以参加。但是没有很专业的教练指导，场地相对简陋；Weekend League（周末联盟），我去年一直在参加的周末篮球联赛，有教练指导，也有专业的赛制。最大的好处是，就算能力不那么出色，还是有挺多的出场时间，是一种保持运动量的好方法。

In a nutshell（简而言之），体育是促进一个人全面发展的重要途径，但不是唯一途径。世界上没有两片相同的树叶，每个人都有自己独特的世界，做适合自己的抉择，做最好的自己。

（作者：Samantha）

■ 普洛克学院

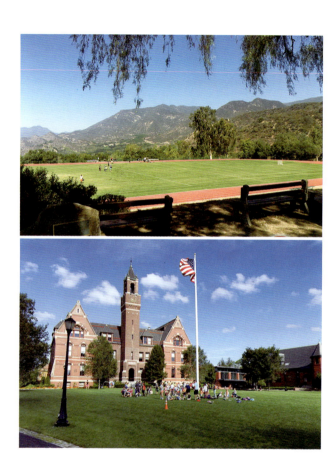

■ 撒切尔中学

社团助我融入美高

四年前，我，一个 14 岁的女孩来到麻省西部的一所私立住宿高中读书。

回想这四年，我变得更主动、更自信、更加敢想敢做！而这一切的改变都与我遇到的一位老师密不可分。

我第一年来美国的时候，英语很不好，听不懂也不会说，所以无论跟谁说英文都没自信。于是"躲"在自己的中国同学圈子里玩。

当时就很担心，也许自己永远都不会有机会真正提高英语。就在对融入美国校园感到困惑的时候，Mrs. Choo 出现了。她是 international coordinator（国际学生协调员），同时也是我的 dorm parent（宿舍监护人），她同我们一同住在宿舍楼里。有一天晚上她来我房间找我聊天，问我要不要参加她的 diversity meeting（多元化会议）。当时我也不知道什么是多元化会议，就懵懵懂懂地去了。

去了才发现，diversity committee（多元化社区）是很符合美国自由精神的一个社团。

　　参加会议的很多人都自己创造了一个项目 (比如去当地小学教书、宣传同性恋权益的活动等等)。虽然 Mrs.Choo 是指导老师，但是我们的会议主要是学生讨论他们做的项目，学生真正做到自主按照自己想法做项目，Mrs.Choo 只提供资源和建议。第一次会议我就被这种自由的气氛吸引住了。第二年我便申请做一个项目叫作 Willy World（威利世界），我计划定期在学校食堂举行一个国家的文化晚餐。第一个我便定为中国。我遇到的第一个问题是不知道怎么找到中国食物，这时候 Mrs.Choo 就提醒我可以和食堂合作。她并没有直接帮我联系，而是把我介绍给了食堂经理，让我自己和食堂讨论菜谱与想法。

　　对一个像我这样对美国文化和英语都不是很熟悉的人来说，与一个陌生美国人打交道是我面对的第一个挑战。

　　不过我很幸运，食堂经理很好，很耐心，也很配合帮我准备了"地道"的中餐。第一次做完中国的文化晚餐，我有了经验，没想到第二个晚餐——法国文化晚餐却有更大的挑战。首先，为了得到说法语的同学的支持，我亲自"主持"了一个由许多肌肉冰球男组成的会议，询问他们想怎么表现他们的文化。而更大的挑战是，为了让更多人知道这个活动，我们需要在学校集会做一个简短的介绍，这就意味着我要在全校学生面前讲话！对像我这样害羞的女生来说，在中国都万万不敢站在讲台上讲话，何况在美国呢？

正当我打退堂鼓时，Mrs.Choo 鼓励我，反复帮我练习简单的几句话，纠正我的发音。

她坚决支持我去集会前讲话，并一直鼓励我走出自己的舒适区。通过这次在全校学生面前讲话，与人交流时我自信了很多，而这次经历更让我感受到美国那句谚语"go out of your comfort zone"（一定要走出舒适区）是十分有道理的。经过一次次挑战，我不光把自己的项目越做越好，也锻炼了我与人沟通合作的能力。我觉得是美国相对自由的环境让我有了创造力，并有了 Willy World 这个想法，而 Mrs.Choo 的鼓励与支持，使我能够把美国一直推崇的"go out of your comfort zone"精神执行到底。现在，我更愿意挑战自己，愿意完成一些以前不敢想的事情，Willy World 就是我以前不敢做的梦。而当我完成这个梦的时候，我发现我真的更自信、更有想法并且敢去实现它。而这些特质帮助我参加了许多不同的社团活动并且真正融入了美国的校园生活。

（作者：Tina Zhang）

马背上的时光

　　离海二三里外，群山绵延，一望无尽。因当地四季充足的日照与肥沃的土壤，群山之间的平坦地区中被开垦了大片的柑橙园，同时也坐落了不少小城镇，其中有一个发展成度假胜地的，就是我所在的城镇——奥哈伊。

　　金墙红瓦的房子，接二连三的度假山丘，熙熙攘攘的人群，虽远比不上国际大都市，却别有一番独特的乡村韵味。沿着小镇的中心街道一直走，穿过僻静的树林，路过一家无人收银的路边水果店，沿着坡度向上，向上，再向上。视野中慢慢都是沙子铺成的小路、马蹄印和马粪，两扇石头柱做成的大门将会出现在你的右手边，上面用西班牙语写着：石头做的房子（5025 号）。

　　晨间六时半，天蒙着一层灰灰的似明似暗的薄纱，鸟儿都尚未放开歌喉，而那"石头做的房子"却早已苏醒。开门声，关门声，着急的摔门声，穿着橡胶靴子踏在木地板上发出的脚步声。再过五分钟，全校最热闹的地方就会变成半山腰上那片有着红瓦绿瓦，发散出干草、木屑和粪便味的一大片建筑物了。

它们被叫作 barns（马房）。

咚！沙，沙，沙。这是靴子踩在落叶上的声音。轰！咯吱咯吱，啪！这是从堆肥堆上取独轮手推车的声音。嘎！吱呀——嘎，吱呀——这是把独轮手推车推进马房的声音。

啪！呼噜呼噜——这是推开马房的声音。

吱！啪轰！这是铲马粪的声音。

噼里啪啦！这是清理水槽的声音。

沙，沙，沙，咚！这是喂马的声音。

唰，唰，唰，这是打理马毛，清理马儿的声音。

其间还夹杂着聊天声、音乐声、对着马自言自语的说话声、被马儿袭击发出的尖叫声、给马儿道歉声、手推车翻倒声、呼喊声、求助声……（真可谓人有百手，手有百指，而不能指其一端，人有百口，口有百舌，而不能名其一处也！）因每人需要的时间不同，十五分钟至一小时不等，这样的声音会持续到八点四十上课之前才稍稍减弱。

今天我和妈妈说我发现自己回家以后睡眠没有在学校那么规律了。妈妈回了一句："是啊！你没有小宝宝照顾了嘛！"我好久才反应过来，原来她说的是我的马。

　　的确，在学校养马、骑马可以说是九年级新生学校生活最重要的一部分。不仅是责任重大，还占据了我们大部分时间（每次其他学校的朋友问我周末干什么，不上课的时候干什么，我永远只有一个答案：骑马啊）。且若你想成为更好的骑手，更高等级的骑手，你的 commitment（投入）还要更多。

　　周一到周五早上七点整之前必须喂好马，上课之前清理好马房里的马粪和吃剩的食物。梳理好马毛，给水槽换水，扫干净马厩。每个人还分派了一个 barn job——就是清理马房区域内指定的地方：有可能是道路、马房办公室、冲凉的地方、马具房等等。每天检查的指导员若发现任何做得不够好的地方都会记下一个"违纪"，三个违纪"兑换"一次工作任务：周二下午在马房劳动改造两小时！

　　每周新生规定的骑马时间是五天：周一、周三、周五、周六、周日。周二、周四是运动日（除了骑马之外，另选的运动都在周二、周四进行）。每个骑马日要骑马两小时才能算。若你有一天没有骑马，第二天早上就必须把马带到指定的区域。（没错，有些指定区域要翻过一座山才到！）

　　晚上喂马的时间是五点整，一次没有喂马或者喂晚了直接"赚"得一次工作任务哦！且若你违反以上任何规定，我们亲爱的马房主管会让你的骑马生涯生不如死。

也许这就是为什么很多 Thacher School（撒切尔中学）的学生其实并不喜欢骑马。很多人觉得这是一个负担，很多人期待新生这一年快点结束（就不用骑马了！）。很多人希望周末可以放松、休息、社交，而不是在马房和马场"浪费"一上午。

然而我觉得这就是撒切尔中学的学生为达到教育目的需要遇到的挑战吧。作为全美独一无二的拥有顶级马术及野外项目的学校，撒切尔中学的宗旨是把学生培养成 value honor, fairness, kindness, and truth（尊重荣誉、公正、善良和真实）的完整的人。一年的骑马养马必修课则好似把新生押送进了太上老君的"炼丹炉"。最后蹦出来的不仅有责任心、耐心、毅力，还个个是优秀的 horseman（骑马者）。也有很多学生在新生这一年以后选择继续骑下去（嗯，我就将会是其中之一）。

大多数同学在来撒切尔中学之前都从未骑过马，我虽然有五年的经验，但是英式马术和撒切尔的西部牛仔风简直压根儿就不是一个世界的（虽然撒切尔也有英式马术队）。刚开学的时候我对西式风格还是很抗拒的，第一天分派马和教我们最基本的照顾马的常识的时候，我连马鞍都举不起来（实木 + 真皮，大约三十斤的样子吧），但后来便发现西部牛仔风格才是我想要的。英式马术给我的感觉是：约束，光彩照人，比赛，贵族运动。而在撒切尔中学，我们要学会的是和马儿一起生活。马是我们的朋友，而不是一种工具，它们是我们生活中必不可少的一部分，而不是一种奢侈品。所有马术教练一直强调的都是去了解你的马，真心对待你的马，马儿们才会以相同的方式回报你。

They are living animals. They have feelings. They can think. （它们是有灵性的生物，能感知万物，能思考）

撒切尔中学依山傍水而立于山谷之间，群山环绕，树木丛生，虽远不及天上人间，倒也有世外桃源之韵味。大家考过"rider（骑手）"等级考试最大的动力就是骑行线路的权限。只要你是 rider 等级的骑手，凑够三个小伙伴，便可以骑马走过整个校园的马道。我们的校园有四百多英亩地，几个大型马场、农场和山头，每座山上都有人马都能走的马道。这些山间小路蜿蜒曲折，险峻而刺激，骑着马盘绕着山如蛇一般攀上山顶。它们绿树成荫，崎岖不平，有的一面是悬崖，一面是峭壁，却才只有一只脚那么宽。得到马术总部的同意后便可骑马下山进入奥哈伊镇上，骑到学校养马的 1000 英亩的"大草原"！

若这些都满足不了探险的好奇心，在 winter trimester（冬季学期），每个新生都会有机会骑马去野营：翻过三个山头，走过一个高而陡的山脊，再走过一个大峡谷，到一个叫 patton's cabin（巴顿小屋）

的地方。路程其实也不远，也就连续在马上坐六到九小时就能到达的地方吧。

总之，马术项目是撒切尔最大的亮点之一。前文仅是浅谈我最明显的一些感受及对项目的草草介绍。其中的哲学道理、奇闻逸事、教育理念、酸甜苦辣、欢笑汗水和眼泪岂是一篇短文章能论述清楚的？无论如何，在学校时马背上的时光是我最快乐、最享受的时光。

后记：撒切尔最高骑手等级是 horseman（骑手）和 top horseman（高级骑手）。"horseman" 顾名思义就是 horse 加 man，只有二者结合才能创造奇迹。且 horse（马）是放在 man（人）前面的。人与马的关系并不是主仆关系，更不是附庸关系，而是平等的。只有真心爱你的马，你才能得到马儿真心的回报，并成为优秀的骑手。

（作者：Sara）

墨西哥志愿者之旅

对我来说，墨西哥之旅不仅仅是给房子装上电线或者在屋顶上锤一天钉子，更是对一个家庭接下来几十年幸福的奠基，也是对我个人人生的一次改变。

如果说，在我目前短暂的人生中最重要的决定是来美国的话，那么去墨西哥做义工便是我第二重要的决定。

义工，对美国的高中生来说是一项非常重要的"课业"。我所在的学校（一所基督教学校，我并不知道其他学校的要求，这里只做参考）要求学生每年至少做 25 小时的义工，否则不能毕业。义工对我们这些高中留学生申请大学的帮助也是非常大的。作为一个刚刚填完无数张大学申请书的 12 年级学生，我深深感受到各个大学对义工的"爱意"。

在美国做义工的机会数不胜数。今天在教堂帮忙看孩子，明天去"soup kitchen（给难民发食物的流动厨房）"帮忙给穷人发放食物，都会让你的大学申请书更有竞争力。

墨西哥是我 11 年级一开学就决定去的。其实当时我也没有想太多，只是想着下一年马上 12 年级了，但是我只做了 70 多小时的义工，毕不了业，所以当住家妈妈提议的时候我也就答应了。说实话，去之前我心里是挺排斥的，想一想墨西哥真的不算富裕国家，想着要挨晒，还要帮别人盖房子，心里一万个不情愿。但是到了墨西哥，我的想法彻底改变了。

我是跟着教堂去的，也有很多同龄的小伙伴，但是互相都不太认识。因为墨西哥之旅，我结识了一位挚友，这也是旅行的魅力所在。第一天我们先到了一个主题公园（我们去了好多人，也不是所有人都相互认识，去这个主题公园就是让大家熟悉熟悉，以后干活也方便一些），虽然有些破旧，但是还挺好玩的。有卖民族服饰的，有骑马的，最让我印象深刻的是有个滑铁索，只要 20 美元。一共有五六个铁索，还有一些绳子，就是在空中漫步的那种绳子，在上面要自己解锁过几个结，然后再按锁回去。特别好玩。我也是在这里认识我的朋友的。因为有个铁索要两个人一起过去，当时那里只有我和她。虽然以前彼此照过面儿却不相识，但这没什么，我们两个人还是被绑在一起飞了过去。之后骑马的时候马不够用了，我们俩也是坐在一匹小马的身上上山下山的。我们就这样慢慢成了好朋友。我想通过这个事例告诉大家，多参加这种活动，因为来美国我们要学的不仅仅是知识，还有美国的文化，一个特别方便的方法就是认识很多美国朋友。其实如果没认识她的话，我对墨西哥的好感恐怕不会有现在这么多。

接下来，我们去了特别为我们安排的住处，不大，就和宿舍似的。一个屋里有好多人，每天都要抢着争着回来洗澡，但是大家很快乐。墨西哥就跟中国的许多农村差不多，路上都是沙子，坑坑洼洼的，空调也不多见。七月末的毒日也让我们受不了。我们每天早出晚归，七十多个人分成四个队，其中三个队负责盖房子，每天还要从这三个队中抽出一些人去孤儿院帮忙。

我们队被分到了一个山顶，上去的路特别难走，好在位置够高能看到整个城市，还有望不尽的大海。整个城市都是蓝色的，空气清新，小风吹着，我们的干劲也越来越足。一天的时间，我们就把房子的外形给建好了，刷漆、通电、锯木头，我都参与了。

第二天我被分到了孤儿院，我们教堂的牧师买了好多指甲油、书本给那些孤儿。现在的孤儿院也是我们教堂几年前建的。去孤儿院的路上就像坐过山车一样，一不小心就会因路的颠簸而弹起来。那天晚上孤儿院的三个女孩子过 15 岁生日，这在墨西哥是一个特别重要的成人礼一样的仪式。我们都去参加了，她们三个都打扮得很漂亮，也很开心，大家欢快地跳着舞，吃着墨西哥食品，好不快乐。

说到食品，墨西哥玉米卷（就是一块饼里面加肉、黑豆、蔬菜，还有墨西哥的酱）是这次旅行的一大特色。这家都不能叫作餐厅的餐厅，就像中国夜市的那种小店，他们家做的墨西哥玉米卷跟你胳膊一样长，特别粗，我连四分之一都没吃完。我们的牧师提议拿这个当作一个挑战看谁能吃完，你就看到在墨西哥的一个夜晚，黑灯瞎火的，一群人人手一个和胳膊一样大的墨西哥玉米卷在狂吃。

最后一天，我们把房子做了最后的装修，大家凑钱买了家具。然后我们围成一个圈，把钥匙交给了这房子的主人。热泪盈眶，心情沉重，每个人轮流拿着钥匙，然后给房子的主人送上一些祝福。虽然跟他们素不相识，但给他们盖了房子，那一刻我心里满是感动，手里握着的钥匙是他们今后几十年的幸福，钥匙已经不仅仅是钥匙那么简单。当他们推开门，走进这个家，他们含着眼泪对我们表示感谢，我的眼泪也夺眶而出。虽然我没有做很多，但是这个房子毕竟有我的一点心血。从当初的抗拒不想来到最后的留恋舍不得走，仅仅只有一周的时间。

后来，在申请大学的时候，我自豪地把在墨西哥的经验写进了申请书。招生官都惊奇一个中国小女孩能跟着一群美国人去墨西哥（英语还没说明白呢，就去一个西班牙语国家，哈哈），他们希望能更多地了解我。前不久，我被两所大学录取了，其中有一所基督教大学很欣赏我的大胆,也特别好奇我去墨西哥的经历。帮别人盖房子,得到大学的青睐,这个"买卖"特别划算。

最后,各位学弟学妹,在你们有限的时间里去做更多有意义的活动,参加社区服务,不仅有助于你申请大学,也会让你真正体验到什么叫助人为乐。看到他们脸上的笑容,就觉得自己流过的汗水是多么值得。在墨西哥做义工,对我而言不仅仅是社区服务,更是一种生活的体验、人生的感悟。

你,也会想和我一样,找寻你的"墨西哥"吗?

（作者：Corrine Hu）

第五章

游学异乡，
独属北半球的爱与孤单

带着笑容去面对生活，不辜负自己，不辜负时光。

　　这么小的孩子从小离开家，去到大洋彼岸生活，不开心了怎么办？想家了怎么办？生病了怎么办？……父母都有着无数担心，而从孩子的角度来说，在经历了最初的兴奋期之后，思念、不适应等也渐渐出现，如何去排解忧愁？孩子们自有办法，就算是忧伤，就算想念，就算一个人看病、过节、旅行，他们有各种方式在海外把日子过得风生水起。但我想，最重要的是有他人陪伴，守望着他们的家。

　　离开了中国熟悉的圈子，就在美国再活出另一个新圈子。走过这些心路历程，回过头来看会发现，成长原来已经到来。

我在美国看医生

三年前(2012 年)我抱着无限的幻想和希望来到美国佛罗里达州。当踏上美国土地的时候，我的心已经飞了起来。14 岁年幼无知的我，以为外国的车都是靠右边驾驶，当发现美国的车也是在左边驾驶时，我开心得不得了，现在想想觉得好傻。

三年前，我怀着梦想踏入了这所学校——沃斯湖基督学校（Lake Worth Christian School），一切都是那么陌生，那么新鲜。我也从来没有想过，在这所学校里面我会认识人生中最重要的朋友、老师和我的住宿家庭。

三年，从要住家妈妈用谷歌翻译器跟我交流，到英语可以脱口而出；从第一天晚上睡觉连翻身都不敢，到最后跟住家爸爸妈妈、弟弟妹妹随意开玩笑，一起去迪士尼；从过于在意别人对我的看法，到具备了美国女生身上的那种自信，三年来我的变化实在太大，这些也只是其中一小部分罢了。

这三年就是我人生的一个转折点，让我再次感叹自己何其有幸能拥有这样一段美好的生活。

在美国生活的三年我经历过许许多多的事情，比如美国食物的热量高，我又不爱运动，体重计上的数字曾让我"惊心动魄"，当然后来还是成功减肥。再比如，跟住家的相处并不都是愉快的，毕竟不是自己的亲爸亲妈，也没办法跟他们大吵大闹或者离家出走。不过今天我要讲的是我刚刚经历过的事情，或许以上的诸多变化的缘由，大家会在这个故事当中得到不少的隐性回应。

在美国生活三年的我从来没有生过大病，只是偶尔感冒、喉咙痛什么的，所以我的保险一直没有用上。但是 2014 年的 11 月份左右我的嘴唇开始发肿，刚开始住家妈妈安慰我"不要担心，没什么关系"，但当我的嘴唇第三次开始肿的时候，住家妈妈也开始担心了，带我去了那种直接可以 walk-in（免预约）的小诊所。

美国的医疗跟中国的不一样。在国内我们有什么小病小痛直接去医院挂个号就可以了，但是在美国看医生，一定要提前预约，美国的医生一般来说都会有自己的工作室。所以你去看医生的时候并不是去医院而是去找指定的医生，除非医生说你得去医院了，这时候医院才派得上用场。而且一般民众都会有自己的医生，你有过什么病，你的病史是什么，医生都有档案。住家妈妈给我预约了一位过敏师。在去的路上，住家妈妈告诉我最坏的情况就是你躺在床上，然后在你后背上面扎 60 个小洞，每个小洞代表一种食物，哪个发红发肿就是对哪个过敏。我后背上就真的被扎了 60 多个小孔，手背上扎了 13 个。想象一下吧，那种又疼又痒但是又不能抓的感觉。

还有一个特别"有趣"的事情，一般来说，中国人到美国在一定时间内会对某些植物或者花粉过敏。我在国内的时候什么过敏都没有，一到美国就"悲剧"了。这也跟我住的地方一年四季都异常炎热，很多热带植物的花粉就在空中到处乱飘有关系。

不承想，这仅仅是一个开始。

过敏师当时注意到我的左眼皮上面有一个像痘痘又不是痘痘的东西，刚开始我也没怎么注意。一个多星期后，周五早上起来，那个"痘痘"把我的眼皮压变形了！住家妈妈说第二天带我去看医生。星期五学校有活动，划了一整天的船，把我累得筋疲力尽，第二天又早起去学校补习 SAT，到学校之后又因为裤子太长摔了一跤。终于去了医生那里，第一家说因为我是国际生所以不收我的保险，第二家说我的保险公司周末不开门。于是，我花了将近 200 美元就为了看个医生，检查一下。不过据说把收据寄给保险公司他们就会"还"钱（在美国如果没有保险看病真的是非常贵，看一次医生一个月不用吃饭都有可能）。医生看了之后开了药，花了 20 美元左右，但是没什么好转。星期一我又去看了一个专门的眼科医生（填那些表格我也是醉了），他看起来好忙，他的助理一直在记他说的话，他说得特别快，然后又给我开了一种抗菌药。这下一共就花了 200 美元，加上那个眼科医生嫌弃我的保险公司给钱慢，我就只好又交了 200 美元，整个过程连五分钟都不到。再一次感叹保险的重要性！这是周一。

周二的时候去复查，医生想看看我恢复得怎么样，又花了我 200 美元！这个不是重点，重点是周三我在学校上课的时候，发现眼睛上的包已经大到根本睁不开左眼了！所以住家妈妈在我课上到一半的时候把我从学校接走又去看了医生。我到了医生那里，还没进办公室，医生远远地看了我一下，然后告诉我得去医院了（还好这次并没有收费）。所以住家妈妈又带我去了一家能用我保险的医院。我"美好"的住院之旅就此开始了。

因为未满 18 岁，所以我看的还是儿科。儿科是有好处的，至少儿科的医生都比较亲和，住院的时候我也是自己一个人住一间病房。刚进医院护士就开始给我往手上打吊针，然后还做了一个 CT 检查。有急诊室的医生，有还在当值的医生，还有一大堆护士，看得我眼花缭乱。算一下起码有五个不同的医生来看我的眼睛，问我同样的问题。起码十个护士问我一模一样的问题，照照片，测视力，然后还有专门管钱的护士。刚开始有一点疼，护士问我要不要用止痛药的时候我拒绝了。但是后来有一个医生检查我的视力，把我眼睛上面的大包往上面挪了一下，疼得我快哭了，实在没办法我就吃了止疼药。晚上，我的英语老师（补习老师，我从高一开始一直跟她补习，我们两个也建立了非常坚固的感情）和住家妈妈带饭来（医院离我住家挺远的，家里还有两个弟弟和一个小妹妹，住家爸爸还要工作，所以晚来了），我整个人状态不好，估计是那个药有兴奋剂吧，就一直不停地摆着剪刀手，说话也糊里糊涂的。当天晚上打了一整夜的抗菌素。本来以为医生会在星期四的时候就做手术，因为眼睛上面的包已经大得吓人。但抗菌素起了一点作用，所以医生看我的时候已经没有那么吓人了，然后医生就再也没出现过！

睡完午觉起来，眼睛好像又不好了。第二天早上护士也紧张起来，给医生打电话。医生说今天下午1点做手术吧。还好我一点饭都没吃。12点的时候护士来接我了，我换上了手术服，心里一直在祈祷，也有一点害怕。我躺在移动的床上，被护士从病房推到了手术前的准备室。有麻醉师、医生来跟我讲话，问了一大堆我回答到厌烦的问题，然后护士就一边跟我说话一边给我注射麻醉药。一般打麻醉药有两个阶段，第一个阶段还没打完我就晕晕乎乎地睡过去了。等我稍微清醒的时候发现住家妈妈在我旁边，具体发生了什么我真的都不记得了。

我不知道自己是怎么回到房间的，但住家妈妈说这期间我还吃了一根冰棍。当我醒来的时候已经 5 点半左右了，我走不了，浑身绵软无力。

我在医院从星期三下午待到了星期天的中午，去药房拿了药（又花 300 多美元）。回到家的时候，我从车库走进家里，住家弟弟妹妹还有住家爸爸全都藏起来，在显眼的地方画了 "Welcome home Corinne（欢迎 Corinne 回家）"，让我非常感动。我住院的这几天住家妈妈没有离开过我，除了有一天晚上住家弟弟有钢琴表演，所以离开了 6 小时，剩下的时间她都是形影不离，住家爸爸每天晚上都会给我改善伙食。我的英语老师第一天晚上给我带饭，第二天把学校的作业什么的都帮我带来了，还给我带了一张纸，上面写满了学校同学和老师的签名。学校的老师们也都担心我，一直为我祈祷，问我怎么样了。我的一个中国同学，她住家妈妈知道我住院了，也带她来看我两次。我觉得自己好幸福，也觉得自己好幸运。

当我周一回到学校的时候，老师看到我都出来和我拥抱，跟我讲话，有一个老师还给我写了一封信。我们校长看到我也很开心，告诉我 "Your smiles are so beautiful（你的微笑是如此美丽）"。现在的我还在恢复中。这估计就是学校小的好处吧，你认识所有人，所有的老师都关心你。我每天也带着笑容去面对生活。虽然我落下很多课，但是老师们都亲切地跟我说："你不用担心，养好身体要紧，学校这些东西不要担心，我们会给你时间补上的。"

我妈妈问我选了出国这条路后悔吗，我说这条路是我自己选的，或许不会一帆风顺，但是既然我选了，就一定要走完。出国这三年对我的人生有太多的改变，也让我感叹上帝的美好。感谢发生在我身上的所有事情，也希望正在读这篇文章的你能更多地了解美国。

（作者：Corinne Hu）

奇科美高得知音

曾经，我艳羡于"我寄愁心与明月，随君直到夜郎西"的真切友谊，感动于"此曲终兮不复弹，三尺瑶琴为君死"的情深似海，却也无奈于"劝君更尽一杯酒，西出阳关无故人"的知音难觅。出国前夕，我恐惧异国他乡，广阔天地，孤然一人。

怀揣着梦想、好奇和不安，我来到了加州奇科市的愉快谷高中。来到学校之初，因在中国的成绩不错，我信心满满，可谁知老师刚给我安排了两门 AP（美国大学预修课程）——微积分和生物，就把我折磨得"体无完肤"。现在回想，在美高，最让我头疼的一门课就是 AP 生物了。要知道，我在国内的生物成绩还算不错，但是 AP 生物的难度之大还是让我小小地受挫了一下。

幸好，我遇上了 Benji。

初次见面，我并未特别留意他，只是注意到在 AP 课上，总有一个勤做笔记、爱提问的美国男孩。他的名字叫作 Benjamin，我们都喜欢叫他 Benji。一开始我的英语表达并不流利，所以有时我不能完整地表达自己的想法。老师提问我，我明明心里清楚地知道答案，但受语言的限制，我的表述总不能让周围的同学和老师理解，这实在让我郁闷至极。每当这种时候，Benji 似乎有着翻译官的才华，总能将我的意思准确地告诉老师。

他就是我和 AP 课程的一道桥梁，夯实了我在美高的生物学习基础。

同时我也会帮他解答一些数学问题，老师见我们在这两门课上总是名列前茅，就开玩笑地称 Benji 是美国版的我，而我是中国版的他。

我们的情谊远不止于此。真正让我感动的是他对我的心灵关怀和生活照顾。

有一天，Benji 叫我出去打篮球，这令我十分诧异，因为我平时很少和美国人玩。原来是他找来了学校里的同学想给我认识，让我以球会友。打球中，Benji 明显看出我球技不太好，防守的时候故意让着我。进球时，我向他会心一笑，他也笑着，在落日的余晖下，温暖而舒心。

他就是我和美国同学的一道桥梁，打通了我在美国的社交圈子。

在美国高中的最后阶段，大家都忙着报考大学，而我与 Benji 还是会在周末去河边抓鱼或去公园烧烤。当他被理想的学校查普曼大学录取时，我却已被三所大学拒之门外了。我很怕自己辜负了家里人的厚望。虽然所有的郁闷苦楚我都未说出，Benji 却仿佛能读懂我一样，劝我说天道酬勤，让我静候佳音。果然，我被加州大学圣地亚哥分校录取了！喜出望外的我连夜把电子录取通知书发给了 Benji。

他开玩笑地说自己真是个预言家，我仿佛看见了他与我同样喜悦的笑容。我在奇科市的最后一顿晚餐是在 Benji 家里吃的，他的父母热情地做了一大桌子菜，我们在桌上笑谈这一年来的种种趣事，开怀畅饮，欢乐洋溢。

他就是我与家庭温暖的一道桥梁，跨越了文化和种族、故乡和他乡。

夕阳西下，余晖尽洒。临别的时刻，我笑着看 Benji，他给了我一个大大的拥抱，阳光底下，我又看见了他温暖而真诚的笑，夹带着万般无奈和依依不舍。转身，低头，我抑制住泪水，千思万绪，千言万语，我想我和 Benji 都明白。

记得我们俩曾畅想，老了，就在奇科市开个农场。我们一起挥汗耕作，一起听音乐；我们一起播种春天的种子，一起收获秋天的果实；我们一起"采菊东篱下"，一起"把酒话桑麻"。

何其美哉！

（作者：蒋晟立）

大山里的生活

作为一个九年级学生，不知不觉在这样的山里已经待了 220 天。

2014 年 8 月份，懵懵懂懂的我带上行李，和爸妈从北京来到了这片被大山环抱的陌生的土地。记忆里模模糊糊的第一天渐渐清晰起来。

阳光把宿舍楼上的橘色瓦片晒得滚烫，我带着爸妈在校园漫步，对看到的每个人都报以微笑，并因此结识了一个与我同届的韩国女生，她人很好，红色头发在阳光下闪闪发亮。后来我去拜访了一下这里的中国学长。Asheville school（阿什维尔中学）的中国人很少，整个学校就只有 12 人。学校规定当天下午 6 : 30 之前所有家长必须离开，在这之前我都没什么感受，但是看到分针一点点接近，心里的紧张与难过疯狂地蔓延起来堵在喉咙眼儿，我说不出话来。

爸妈走的时候说：你一个人要照顾好自己，好好学习，加油。我听完这句话再也忍不住，背对着爸妈眼泪一直往下掉。回头看到妈妈眼睛也很红，爸爸在安慰她。这个时候我才突然意识到，他们的存在是这个世界上我能得到的最好的礼物。

　　过了一段时间，我才慢慢打起精神，准备去吃学校安排的晚饭和参加 square dance（盛大舞会）。这个时候我和室友的关系已经从生疏变成能说三言两语了，所以没有太孤单。室友是学校随机分的，Kentucky 是土生土长的农场女孩，挺壮的，爸爸之前一直开玩笑说她可以做我的保镖了。晚上舞会的时候，全校同学拉着手绕着教学楼跑，穿着牛仔靴背带裤，现在想起来都觉得是件很温暖的事。我们在星空底下和着学校请来的乐队跳舞，稀稀拉拉并不整齐，炎热的天气让我们大汗淋漓，但现在回想起来还是有种由衷的快乐。之后我回到宿舍，已经很晚了，快 10 点了。我有点多愁善感，在晚上是很容易难过的，尤其是一个人的时候，而当时我对爸妈的想念没有办法停止。在室友已经安然入睡之后，我躲在被子里哭得直发抖。后来实在没有忍住，拿起手机给十年级的学姐发短信，才发现都是一样想家。说了很久，边发边哭，哭累了也就睡着了。

　　在我们学校，所有九年级新生都有一个露营旅行，虽然只有两天半，但是要在大山中搭帐篷住下来，环境很简陋，有时候早上起来想要洗脸都很困难。每天大家都要顺着陡峭的山坡一步步向上爬，背着沉重的登山大背包。但就是在这样艰苦的环境里，我碰到了在这个学校最值得我遇见的一个朋友。他是墨西哥人，那天大多数同学都下水游泳了，为数不多的坐在岸上。后来无意中就看到他也坐在大石头上，韩国女生告诉他我的名字，他很友好地和我打招呼。因为是国际学生，所以很快就混熟了。他之前一直都是我在这里最好的朋友，回忆起来能让人微笑的一个人。可是也只是以前而已。

不过既然谈到了他，我就来讲讲作为一个国际友人的回忆吧。不知道大家和我有没有一样的感受，在美国学校，外国人之间很难成为最好的朋友，我一直也是这么认为的，直到我有幸遇见墨西哥同学，虽然他只在这里待了一年。墨西哥同学的名字叫N，和N的关系并没有突然一下很好，只是一直都在慢慢地说话。像之前说的，因为同是国际生，我对N在最开始有特别的亲切感，所以也不那么腼腆。其实碰到感觉对的外国同学，觉得可以做朋友，就可以和国内同学一样多和他们说说话，他们心眼儿也直，很容易被打动。回到话题，我是在露营的时候碰到N的，露营完以后回学校也一直保持说话，再加上有几节课一起，所以关系很快就变得很好。那就来分享一下和N相关的几件事吧。

友谊篇

N很喜欢摄影。记得有一天，下了很大的雨，整个校园都雾气缭绕。那天我们要去医务室打疫苗，但是都没有伞，所以只好冒雨冲了。冲过去之前，他说你跑过去，我拿相机把你录下来。我就一直跑，跑到楼梯那里的时候他说 OK 了，很自信地把相机递给我看，结果发现根本就没录下来。但是我们为了录这段视频都淋得透湿，所以就尴尬地大笑。后来从医务室回来，他湿淋淋地跑去宿舍给我拿了一把伞。

　　有段时间我碰上选课的问题，情绪很低落。老师建议我上 Algebra 2 honor（代数 2 荣誉课程），可是我觉得这门课太简单，想要往上调，但是被学校、老师屡次拒绝，当时就又气又恨，觉得辛辛苦苦到这里来却接受不到应该接受的教育，辜负了爸妈。一次晚饭后在和 advisor（指导老师）协商失败后我实在受不了了，就一直哭，去晚自习教室的时候迟到，差点被负责的老师说。当时我走到座位上的时候尽量把抽泣的声音降到最低，但还是忍不住颤抖。我不知道有多少人看到了我哭，我只知道看到了并且关心我的就只有 N 一个。N 在我刚进教室时就发现了我的异常，课间休息的时候他走到我桌子旁边。我很累，趴着掉眼泪，他来了我也没有站起来。他于是就蹲下来和我说话，整整十分钟没有离开过。

　　有一次出去玩，N 当时已经走得很累了，想早点回学校，我却"不失时机地"饿了。我试探性地问他可不可以去吃饭，他一句怨言没有就和我走过几个街角去一家韩国餐馆吃饭。他一直看着我吃，耐心地等着，也没有怪我耽误他。

后来偶尔谈到了当时的露营旅行。我抱怨地说再让我去肯定不去了，又脏又累。N 很轻松地笑笑说，其实没我想得那么坏，我不是碰到了你吗。

很多事情现在想起来还是会有所触动，可再也回不到从前了。遗憾的是，这样很好的关系没有持续到这学期结束他离开时。我们"冷战"了，两个人互相不理对方，形同陌路，其中的原因很复杂。但是曾经有过这样一个朋友，也算是我在这里漫长的第一年里一件很幸运的事情。后来除了 N，我在学校也有一些朋友，都是平常聊天交上的。这些人我深知无法交心，可其实能笑着打招呼也不错。至于交朋友的方法，我觉得是越开朗越好。多沟通，主动去关心别人，做一个有正能量的人。和室友的关系就算不到最好也不能差，毕竟是要生活在一个屋檐下的人。对于室友的缺点，一定要报以更多的容忍。当然，如果关系够好，也可以尝试主动和她说问题所在，两个人一起解决。

所以大家也要相信，说不定在碰巧的时间说就能找到最好的朋友。就算没有最好的朋友，有些普普通通的能让你不孤单的人，仔细想想也是一份运气。一定要相信自己的笑容，做最好的自己。

学术简介篇

对大多数美高党来说学习是最让人担心的事情，毕竟这才是我们远渡重洋的理由。那么我来讲一下我身为一个理化渣的经验吧。一个国内普通的初三学生，来到这里数学上 pre-cal（预备微积分）不会有太大困难。如果出现困难可能只是对计算器的用法有疑惑，是可以攻克的。计算器嘛，美国这边用的是 TI-84 计算器，有画函数图像的功能。

然后讲一下科学。我们学校九年级学生必修的科学课是生物。生物课的难点有二。（一）词汇。可能会有一部分词汇听不懂。（二）概念的匮乏。这是因为在国内生物基本没怎么学，很多东西都不知道是什么意思，就算知道单词的中文意思也很难理解。

然后讲到英语，其实这门课没有很多人想象得难，反倒比较容易得分。我们九年级学的是古希腊罗马文学及历史，个人觉得压力不太大，上课也不会听不懂，就是阅读量很大，做作业要耐着性子把书读完。

最后就是二外。我选的是法语，这个算是强项，很简单，没有下过 95 分，基本就是我用来拉高 GPA 的"神器"，而且学校的法语老师特别好，上课也风趣，因此这门课一度成为我最喜欢的课。

落差与成长篇

先来说说落差吧。来这里以后，也算是打破幻想看到了现实，很多事情并不如想象中那么美好，更多的困难被掩埋在大家对"美国读书"这四个字的幻想之下，最后挖掘出来，才会觉得刺骨的寒冷。

人际关系方面，美国孩子不都如你想象的那样单纯开朗，有心思缜密的、有肤浅物质的、有露骨不检点的，也有背后说你坏话的。来了以后发现尽管是个小到每个人都会知道对方名字的学校，还是会有很多人不跟你打招呼，目光相遇的时候不会给你微笑，更不会管你过得好不好。你拥有的朋友看似亲密，但可能根本就不会认真在乎你，你不会再拥有和国内时一样真诚的朋友。然后便是老师，这边也会有不公平的老师、漠然的老师、表面上温柔体贴却在你需要帮助时冷眼旁观的老师，只不过相对来说较少罢了。人都是一样的，都会有阴暗面，所以希望大家在来之前做好心理准备，毕竟学校都不会和你 OC（访校）时所见的一样完美。在 Asheville School（阿什维尔中学）这个小社会，有很多很多举止过分的人，无法容忍的事，甚至是和刀锋一样伤害你的话，但是不管怎么样，我们还是要扛住，一定不能倒。因为我们现在每一次钻心的痛苦，都会在不久的将来，变成让我们破涕为笑的生命中的阳光。

　　然而就是在这样的环境里面，我才越发拥有成长的机会。我是个很容易想家的人，也黏父母，所以来这里以后经常以泪洗面。但是至少我学会了一个人独立生活，一个人承受。我变得越来越适应孤独，因为深知没有人可以依靠，就只好自己强起来。一个人去做以前和朋友一起去做的事情，一个人做饭，一个人去图书馆，一个人过春节。就算是自己一个人也不能放弃啊，还是要在竞争里面活下去。不过同时我脾气也变好了，没有国内时那么容易焦躁，很多时候会试着理解别人。在这边遇见的人多了，不可容忍的事情多了，才能慢慢说服自己，让自己以平和的心态看事情，毕竟没必要因为小事情为难自己。

想家篇

　　这篇回忆可以说饱含着眼泪。大洋彼岸的父母在我生活中占据了太多，让我在晚上看到星星的时候，祈祷那边的阳光依旧灿烂。我在国内的时候经常做噩梦，做梦的时候突然就尖叫或开始哭泣。这个时候妈妈就会冲过来，和我说没事，一直拉着我直到我再次睡着。可是在这里不再有这样一个把我从噩梦里解救出来的人了，我说梦话，没有人理睬，在梦里大哭，没有人听见。我自己与噩梦抗争。很多时候恍恍惚惚，会觉得在这里的生活就是一场不那么快乐的梦，也幻想着第二天早上起来桌子上会有热腾腾的热干面，爸妈开车送我去上学。可是闹钟吵醒我，我还是在不讲中文的地方。有时候我赖床不想起来，却也无法分清是仅仅不想离开温热的被窝，还是不想离开好梦里的故乡。

还有大家倍感好奇的春节，其实我是不愿意去想的。回忆被雪花覆盖，但是不再出现热气腾腾的饺子和丰盛的饭菜。我从学校另一个中国同学那里拿来速冻饺子丢进锅里，雾气中我模模糊糊看见电视机面前爸爸妈妈等全家所有人的脸。自己后来又做了点蒸鸡蛋，努力想要重温家乡的味道。学校的中国人因为都有自己的事情，没能聚在一起，但还是互相道了祝福。在异乡，同样长着黑头发、写方块字的这些人，是特别的依靠，也是温暖的存在。

其他零碎的部分

一、来谈谈感恩节吧。大多数学校感恩节都是会关校舍的，这时候国际生便会找当地学生寄宿七天直到节日结束。我有幸被请去巴哈马群岛的同学家和另一个韩国女生一起住下，也算是一段独特的旅程。巴哈马群岛是美国佛罗里达州还要往南一点的小岛，它和海南岛很像，都是碧水蓝天的旅游胜地。同学的父母对我们很好，带我们去专门的俱乐部游泳，蒸桑拿，吃好吃的日本餐，每天的行程安排都满满的，黄昏时候同学经常开着高尔夫小车在小区里转悠，带我们看棕榈树在彩霞下的样子和小区海湾里停泊的船只，夕阳西下，斑驳水面上的橘红色宁静如画。

二、之前没有提过我的课外活动，现在来简单地介绍一下好了。我秋季的时候是在曲棍球队，每天全副武装地拿着大球棍在骄阳下训练到最后一刻，流的汗比当季下的雨还要多。但是我并不觉得后悔，团体运动的好处是你会真正参与其中，每一次传球，每一次射门，带来的都是揪心的期待和由衷的喜悦。体育运动都累，但是很值得。冬季我选了马术，这是我第一次接触马。开始一直怕马踢我，不敢接近它们，更不敢按老师说的拿着小钩子去清理马蹄铁。而后渐渐敢接触它们了，到最后毫无顾虑地清理马蹄铁，听起来好像很惬意的马术在实际中锻炼了我的勇气，也让我离马更近了。在摸它们的时候我不再嫌脏，我愿意在零下二十度的寒冷天气中推着小推车去清理它们满是粪便的草垛，给它们加水、运草料，拍掉马鞍上的灰尘。它们是我到这里来结识的不一样的新"朋友"。

总结

到国外读书是一件艰辛的事情，不仅是十几小时的连续飞行，还要放弃很多。你会发现现实远比想象中残酷，你会从此连续几年消失在春节的饭桌边，你会和你的国内朋友逐渐疏远，你不再了解他们的生活。可是就像之前学校学长和我说的："自己选择的路，跪着也要走完。"我可以每天想家，或者以泪洗面，但是我不能辜负自己，踉踉跄跄或是蹒跚着，都要走到终点。四年的征程，说长也长，说短也短，就是因为一个人才要更努力地奋斗，在无依无靠的他乡，不坚强又能指望谁？

（作者：Sapphiree）

"万恶"的寄宿家庭

和住家相处的诀窍是什么？

在一次座谈会上，一位家长问了我这个问题，很多人也问过我同样的问题。从他们提问的眼神中，我看到了期待、激动、惶恐、担心，似乎还有一种说不出来的东西。

我想到了前些日子在我滔滔不绝地讲述住家与我的相处故事时，爸爸眼睛里的那种怅然若失——我们还这么小，还什么都不懂就离开他们了；在我们的青春期，是另外一对夫妇而不是他们对我们进行监管，提供无微不至的照顾。看着爸爸眼神中的落寞和不舍，我瞬间失去了语言能力，强笑着眯起眼睛问爸爸："怎么了？嫉妒了？"

我的答案是："乐天，带点阿Q精神去和他们沟通。还有自我反省。"

这个答案让我自己很满意。

很多家长送自己孩子出国的时候，大多会选择寄宿，他们认为尽管这样生活起居会稍微麻烦一点，可是会省去很多不必要的人际关系麻烦，可能也会安全一些，毕竟把自己的孩子交给一个素不相识的家庭是让人不放心的。而且新闻里那么多耸人听闻的悲惨遭遇，让家长对"寄宿家庭"更多了一层防备和误解。有些寄宿家庭，纯粹为了赚钱，很不幸的是，这样的寄宿家庭并不少，可并不是无法避免。在选择的时候，可以从寄宿家庭的职业、收入状况、喜好等来做综合考量。如果寄宿家庭只是普通的工薪家庭，无数的经验教训告诉我们：直接拒绝吧。

等以上准备工作做好以后，一切都要看孩子自己的了。度过适应期后，在与孩子视频的时候，就不应该完全相信孩子的话了。我们年纪小，经历了一些事情，但还没有足够的理性支撑独立客观的思考，需要的是来自父母的分析以及智慧的换位思考，而不是与孩子一起批评住家。

那孩子该怎么办呢？乐天一点吧。很多时候事情并不是看上去的那样，多想想自己是不是也应该做些什么，多和住家沟通沟通。

举一个很常见的例子：很多孩子会抱怨说，住家不按时提供晚饭，甚至有时候不留晚饭。

那我们该怎么想？

住家是故意不按时提供晚饭吗？会不会是因为他们工作太辛苦了？住家也许很晚才能回到家，做好饭晚一点是不是很正常？这时候我们是不是可以适时地发个短信问一下要不要为晚饭准备些什么？或者直接把晚饭做了，给疲惫的住家一个大大的惊喜。

　　会不会是因为某个家庭成员还没到家，所以不能开饭？既然其他人都在等，我们身为家庭成员之一是不是也应该和他们一起等呢？

　　住家是真的不留吃晚饭吗？会不会是他们叫了我们，我们却在小睡没听见也没回答？如果是这样的话，他们难道应该冲进我们的房间把我们从床上拉起来吃饭吗？住家真的没有义务把晚饭留在那里等我们起来再吃的。更何况我们自己也没有回答，是不是？这个不用惊讶，美国的家庭就是这样的。许多家庭都是规定了晚上 6：45 开饭，如果 7:30 我们还没有出现在饭桌旁，他们就把该收的都收了，也不会再留。

　　那如果真的是他们多次不叫我们，不给我们提供晚饭怎么办？方法很简单，这是他们的失职，我们没有必要白白吃亏，联系中介，换住家，已经交的一年各项费用的分配，走向也不是我们该担心的。

　　如果不想把事情闹得这么僵，我们还有另一个办法：沟通。去和住家多沟通，告诉他们我们的作息时间，大家一起调整。

　　沟通，是很重要的一步。住家就是你在美国的家，我们要对住家敞开心扉。我们对自己的父母说什么，就对住家说什么，千万不能把住家当外人。

住家之所以选择当住家都是有各自理由的。除了那些只为钱的、我们应该共同抵制并且不能让他们再收学生的无良住家以外，还有孤独的老夫妻和热心肠的年轻夫妇——他们要么渴望陪伴，要么渴望并且很乐意给独自在外的学子一个温暖的家。在我们了解了他们的心理以后，是不是也可以投其所好地与他们相处？

当住家生活实在糟糕透顶的时候，千万不要只找父母朋友哭诉，然后默默忍受，以此显示自己宽广的胸怀和"令人怜惜"的坚强。应该当机立断，要么换住家要么换学校。两种清晰明了的出路就在前方，有了选择为什么不选，却转而把悲愤化为文字，登在社交媒体上，告诉世人自己的悲惨遭遇，误导更多焦虑的家长、忧心的家庭以及与我们一样对未来充满生活期盼的同龄人？

乐观向上、沟通、自我反省，就是我们需要做的全部。独自一人在美国，独立是我们应该奉行的，无病呻吟是我们该抛弃的。独立的人格会赢得所有人，包括住家的尊重。

（作者：杨潇月）

在美高过的第一个春节

　　这是我和亲人分别后的第一个春节，掰着指头算了算，这样的
春节至少还会有七个。可就是在这远隔重洋的异国，我依然感受到
了一股浓浓的年味。

　　临近大年夜的某天晚上，宿舍的门忽然被敲开了，闯进来一个
梳着高马尾笑得一脸灿烂的姑娘，一进门就大声喊着我的名字。那
是住在我对门的台湾姑娘，总是咋咋呼呼的。她一边笑，一边把一
张大红底色的"福"字塞进我手里。"Shirley！这张"福"字给你！要
贴在门上哟！"方方正正，红底金字，看着就觉得暖意洋洋。

　　春节要到了啊！

　　2015 年 2 月 18 日，整座校园都沉浸在春节的氛围里。那天下午
下着漫天大雪，我和 squash team（墙球）的其他队员艰难地行走在厚
厚的积雪中，不知道是谁开的头，周围的人忽然接二连三地用生硬
的中文喊起了"新年快乐"，一声接着一声，和笑声混杂在一起，越
来越响。碧蓝的天空，阳光明亮，白雪上几行深深浅浅的脚印，脑

海里想起国内每年此时被烟花照亮的夜空，耳畔回荡着外国友人生涩却真挚的祝福。

"新年快乐！""新年快乐！""新年快乐！"我也跟着喊起来，然后大家一起放声大笑。

大年夜那晚学校专门给我们准备了 Special Chinese Dinner（特制中式晚餐）。走进餐厅，第一个看见的就是一位穿着旗袍的越南姑娘，中文老师换上了唐装，好几个外国男孩都带着类似斗笠的帽子，虽然透着一丝滑稽，但更多的是温馨。往里看，中国留学生们早就围坐了一桌，有说有笑，一个个喜气洋洋，桌子上堆积如山的盘子和横七竖八的刀叉说明大家已经大快朵颐了一番。刚坐下，学长们就笑着说："快吃快吃！今天的菜真的不错！"

哈哈！吃！

民以食为天，更何况是年夜饭。大家围坐在一张桌子旁，大鱼大肉都来一点，热腾腾的汤喝下肚，就从脚趾暖到心里，再从心里暖到指尖了。

开心！真开心！

吃完饭一群人写起了书法，笔墨纸砚样样俱全，摆起样子来还真有那么点意思。一位 Sophomore（高中二年级学生）学长大笔一挥，潇潇洒洒一个"福"字宣告落成。我们这头儿玩得开心，陆陆续续吸引来不少人，泰国男生、韩国姑娘都来求字。Senior（毕业班）学长毫不含糊，写"福"字，写姓名，写古诗，信手拈来，一手字写得干脆利落，毫不拖泥带水，连我们都在一边看得目瞪口呆，更别说外国的小伙子小姑娘们了。

一瞬间，脑子里蹦出来毛泽东的《沁园春·雪》："俱往矣，数风流人物，还看今朝。"

中国人自己的聚会安排在星期六。经过 Senior（毕业班）学姐和校方的沟通，我们拿下了学校的一个 Meeting Room（会议室），四个年级，十六个中国人欢聚一堂。学长们早早地就订好了中餐，鱼香肉丝、夫妻肺片、糖醋排骨、小笼包子等等，更有学姐从网上订来 Lady M 蛋糕助兴，摆满了一张长木桌，好一个"满汉全席"！

春晚已经在房间里的大屏幕上放起来了，还是朱军，还是董卿，还是蔡明，一切都没变。我们坐在彼此身边，紧紧挨着，一起大声地吐槽欢笑，屋子里充满了欢乐的气氛。

看着看着，《拉着妈妈的手》的旋律就响了起来，房间里的笑声忽然停了，大家忽然都沉默了。有什么东西一下子哽到喉头，若是在从前，这时候我定会笑嘻嘻地看着妈妈，然后跑过去拉着她的手吧。只是今年，我们远隔万里，想哭的情绪来得这么猝不及防。或许那份思念一直都在，从来没有减退，只是到了这个时候，猛然浮现出来了。不管我自以为独立地走了多远的路，我的心都永远依靠在远方的亲人身上，视他们为港湾，也视他们为动力。

一曲唱完，大家鼓掌。我在手机上给父母发微信祝他们新年快乐，万事如意。

最后，大家张罗着唱起歌来。有人说要唱《兄弟抱一下》，于是就开始唱。关了灯的房间，每个人都看着歌词，然后旋律响起，很有力的男声：

> ……是啊我们都变了，变得现实了
>
> 不再去说那些年少热血的话
>
> 兄弟我们都像是，山坡滚落的石子
>
> 都在颠簸之中磨掉了尖牙
>
> 兄弟抱一下，说说你心里话
>
> 说尽这些年你的委屈，和沧桑变化
>
> 兄弟抱一下，有泪你就流吧
>
> 流进这些年深埋的，辛酸和苦辣……

不知道什么时候，大家都举起了手机，星星点点的亮光在黑暗里晃动着，真的好像是一路星光，洒满了我们青春的路。

这是我在美国过的第一个春节，但不会是最后一个。煽情的话不愿意多说，我们漂洋过海来到美国，一路磕磕碰碰，有哭有笑有苦有甜，最后也只希望能把心中深深的思念，漂洋过海寄回到我们最珍惜的人身边。

（作者：Shirley Zhou）

家这一个字

初三那年我和母亲的关系到了谷底。两天一小吵，三天一大吵，这样的形容一点都不夸张，父亲在我们母女之间周转，也搞得心力交瘁。初三那年我想法太多，目标太大，而努力太少。初三那年我标榜自己是文艺青年，要坚持自己的文艺，要坚持活在自己的世界里。初三那年我因为母亲的不理解而感到绝望，却从来没有想过要去理解母亲。

都是初三那年发生的事，现在想起来，不由得满脸羞红。

2014 年 9 月份，我和父母告别，他们坐上汽车，逐渐开远，把我留在了这所异国陌生的学校里。我一个人看着空荡荡的宿舍，把东西打理好，也没有想到要哭。

我也许与大多数孩子不同，刚来美国的一个月，几个新生都闹着要回家，天天和父母煲电话粥，开一两个小时的视频，想家想得要命。而我似乎并没有经历过这样一个阶段，有过不适应，也有过半夜时分在被窝里哭的情形，可就是在那些时候，我也没有动过向父母倾诉或者要回家的念头。从很小的时候起，父亲就和我说："你只能靠你自己。"于是我便学着不依赖家，有段时间还以此为荣，直到现在才懂得这种自以为是的不依靠也是一种愚蠢。

改变是慢慢发生的。

第一次产生无比真实的想家念头，是在 2014 年的年末，那是学校的 family weekend（家庭周）。在我的英语班上，有一个从美国西部过来的女生，她是寄宿生，一个月左右回一次家。那一天是家长开放日，她的母亲也来了。她看到她的母亲就上去拥抱，久久不愿意放开，母女俩的眼里都有泪光。她在位置上坐下，她母亲就站在她身后，双手搭在她的肩上，轻轻地抚摸着她，她时不时地回头朝她母亲笑笑。我忽然觉得这一幕是这么的动人，一狠心转过头去不愿再看，眼泪却忽然间涌到眼眶。

想家了，想念家人的笑脸了，想念家里的那张床了，想念自家的那口饭了。也许就是在那一瞬间，初来乍到的新鲜感和冲劲都消失殆尽，我忽然想起，我是一个 15 岁的女孩子，我是父母的女儿，我是外公外婆的外孙女，我没有自以为的那么强大，我是真的需要那个遥远的港湾。

后来，我和家人有了更多的联系。有事没事的时候，就在微信上报一报喜，在电话里问一问好，每次说完话心里都暖洋洋的。我

156

开始反思，发现自己所谓的独立其实是一种任性。

不记得具体是什么时候了，我给外婆打电话，外婆在电话那头说："我们怕你忙，从来不敢主动给你打电话，和你打电话也不敢聊太久，你要做的事情太多了，不能打扰你，听听你的声音，也就满足了。"我在电话这头忽然觉得心很痛，一瞬间就要哭出来了。我对外婆说："不要紧的，真的不要紧的，你们随便打好了，我可以随时聊。"可外婆依然没有主动给我打过电话。

我多么想冲回国去紧紧搂住外婆瘦弱的肩膀，多么想冲回国去再为外公剃一次胡须，多么想冲回国去钻进母亲的厨房大笑着说"让我来露两手"，多么想冲回国去和父亲一起散步，听他讲文学、讲历史、讲那些有趣的故事。离家半年，终于知道要珍惜家人，终于知道自己很平凡，做不成什么伟大的事，但是有一件事却一定能做到，就是让家人开心。

我学会了和家人沟通，原来是那样简单，心平气和，不自以为是就好。很多从前没有想过要和家人分享的事情，我开始和父母说了，然后征求他们的意见。

圣诞节回国，我和母亲促膝长谈。没有谈学业，也没有谈人生，只是谈了女孩子的小心思，还有母亲的恋爱往事。我忽然间想到很多事情，我意识到在我面前的不仅是我的母亲，她还是一个聪明睿智的女人，她被父亲那样幸福地爱着，她那样懂得生活，也那样懂得如何去爱，这样的一个女人，有太多需要我学习的地方，有太多值得我敬仰的地方。从那时起，我开始试着向她说出我的困扰，而她总是耐心地给我提出建议。我若有不想说的，她便也不问。不知道从什么时候开始，说不了两三句就要开吵的我们变成了聊起天来可以非常轻松享受的"挚友"。

我觉得自己无比幸运，要感激上苍。

初三的时候父亲对我说："你不是小孩子了，要学会控制自己的情绪，要学会控制自己的欲望。"母亲对我说："你要做一个有目标有计划的人，不能随心所欲。"这些话，当时听了觉得委屈，想着自己才 14 岁，不该面对那么多。现在想起来，却无比感谢父母在我 14 岁的时候就把这些话说给我听。

学会自控，勇敢地面对生活，承担一切责任，努力去做一个温暖的人，让家人朋友都快乐。除此以外，我别无他求。

家人永远是那样容易满足，他们对你付出得最多，索求得却最少。或许只是在和母亲语音聊天的时候听到了一声咳嗽，你问母亲怎么了，是不是身体不好，叮嘱她好好休息，她就会无比幸福。或许只是旅游的时候，看到了一个什么有趣的小玩意儿，想着要给外公带回去，外公就会笑得合不拢嘴。或许只是在外婆家吃饭的时候多吃了一碗饭然后赞不绝口，或许只是和父亲打一场壁球，他们就会无比满足……也是因为心里有了这么多无比简单却无比温暖的小事，一个人在异国他乡求学的时候，才能坚定地走下去。

家这一个字，既在我们身后暖暖地守望着，也在我们身前默默地指引着。有了家，人生才找得到方向。

（作者：Shirley Zhou）

说不出的我想你

记得有一年下大雪，和朋友在美国的一家大型超市购置生活用品，那时候临近圣诞节，超市里一直在播放"Merry Christmas"这首歌，几个美国家长带着两三岁的小孩愉快地挑选着装扮圣诞树的铃铛。在这样温馨美好的画面前，身边的一位朋友突然哭出声来，哽咽着说"好想回家"。我有点无措地拍着她的肩，想起以前过春节的时候爸妈带着我挑春联的场景，心里也是五味杂陈。

出国读高中的我们，最小的刚满 14 岁，最大也不会超过 16 岁，正是最美好的青春年华，却离开父母的怀抱，独自一人踏上一片陌生的土地。学校的老师不止一次对我说："我真不敢相信你们中国孩子有这么大的勇气来这里学习。"每次我都笑笑，心里却知道这份"勇气"需要的是多么大的代价。一家三口的微信群，发消息最多的总是母亲："天气冷了，自己多注意保暖"，"学习不要把自己逼得太紧，好好休息"，"这周体育比赛怎么样啊"，"这么晚了怎么还没睡啊"，"又到周末了，起床了吗"，"过生日喜欢啥就自己买啊"，"回国的机票爸妈给你订好了啊，你看看"……只言片语里不知包含了多少关心，而我盯着屏幕发呆好久，也不知道该回复些什么。学校里受了委屈，朋友之间闹了矛盾，考试压力大，作业多……很多很多愤怒、郁闷、失落和无奈都被深深埋在了心里，不想告诉爸妈，不知道就算告诉了又有什么意义。不想再让父母操心，却又不知如何表达自己的思念。

很多很多的"我想你们了""我也爱你们"总是到了嘴边就说不出去了。

很多人说出国读高中的都是富二代，拿着家长的钱在外面挥霍无度，可他们不会理解一个人在太平洋的另一边的寂寞与孤独，并不是每个富二代都是不读书每天打游戏消遣。我们也爱父母，也更能理解他们为我们所付出的心血。每到回国的日子，十几个小时飞机的疲惫也无法压制看到父母那一瞬间的激动。短短两周的圣诞假期和春假，每天都过得格外珍惜，和父母在一起的每一分每一秒都是无法割舍的欢乐。

每逢长周末、感恩节等假期，宿舍门口总是停满了越野车，美国家长们熙熙攘攘地帮孩子们把被子、床单、衣服带回家洗，看着室友愉快地和父母整理房间回家过周末过节的场景，有时看得也麻木了，也习惯了，但心里总有一个声音在说："好想爸妈接我回家。"感恩节的时候，学校安排美国寄宿家庭接待国际学生过节。住家很

是热情，不停地问缺啥需要啥，出去玩、逛街、看电影什么的也总
是会带上我，但别人家终究不是自己家，言行举止都得小心翼翼，
有时候听他们尽情地聊着自己家的事情，心里还是有种深深的落寞
感。回想起以前一家人围坐在一起吃年夜饭，聊得不亦乐乎的情景，
不知为何眼泪就开始在眼眶里打转。在美国高中，几乎每周都有各
项体育比赛，美国家长常常特意带着一大盘巧克力饼干和各种饮料
来看孩子比赛，在一旁加油喝彩。比赛结束之后，家长会带着孩子
回家度周末。人群逐渐消逝，场上稀稀疏疏地剩下国际生和少数美
国同学，没有拥抱，没有回家的车，便独自一人走回宿舍。冬天的
时候总是特别想家，过完圣诞节假期准备坐飞机回美国的时候，真
的是不想离开父母。

　　在父母面前，我们总是故作坚强，没有眼泪，微笑自如，回
复的微信总是简简单单的"我过得挺好的""我没事""我不冷"，
可是每次视频完，放下手机的那一刻却又是无止境的孤独。有多
少个夜晚，对着漆黑的天花板发呆，掰着手指数着距离回国还有
多少日子。有多少个夜晚，抱着枕头，在床上翻来覆去，却怎么
也无法入睡。很少有人能真正体会小留学生们独有的失落与无奈。
父母给了我们飞越太平洋的翅膀，我们却在陌生的天地拼命地寻
找家的方向。

一个人，慢慢地，过完 15 岁，16 岁，17 岁，18 岁。一个人，慢慢地，学着自己打理生活，做饭、洗衣。一个人，慢慢地，学着独自面对挑战，勇敢地克服种种艰难。一个人，把父母的爱，深深地装在心里，时时刻刻地为自己加油打气。一个人，慢慢地，成长。

（作者：May Xia）

家的声音，家的味道

我听着外面乌鸦的叫声，和原本小鸟在屋檐上发出的声音有些不同。美国这个地方真奇怪，乌鸦这么多，如果在中国，这可是要发生坏事的征兆。不过时间久了，似乎它们的叫声也没有这么刺耳，像是变成了一种习惯，不注意也就不在意了。

没有什么特别的星期日下午，我坐在朋友的床上写英语论文。远远地从朋友电脑里听到音乐声，很轻，不细听几乎听不见。小时候幼儿园就在家门口，外公说我弹琴的声音他坐在家里的客厅都能听到。后来我长大了，发现坐在卧室的床上总能听到远处的钢琴声，原来就是幼儿园传来的琴声。就这样过了很多年，我不再在意远处隐约的声音，而那偶尔的小鸟歌声也成了我生活中可有可无的一部分。可是今天，我又听到这熟悉的旋律，伴着那有些奇怪的乌鸦叫声，我又想起了曾经。

比起那些满是生活经历的作家，我的脑海里只载着 14 年的回忆，或许更少一些，因为刚出生的时候是记不得什么的。不知道是看了照片之后才想到的画面，还是记忆碎片中本存着的内容，我还记得小时候躺在外公身上拍满岁大头照的样子。那身后的蓝色背景不是照相馆布景的颜色，是外公的淡蓝衬衫。外婆洗衣服总是很勤，所以我对衣服的记忆是从清香的洗衣液味道开始的，闻上去淡淡的，其实就是家的味道。

而真正的家的味道不只有点清香，还有点嘈杂。家里窗外有一条小河，长着斑点的红鲤鱼摇着尾巴游过。我总是趴在窗台上看着，好像能看出什么哲理一样，一看就是一早上。直到外婆扯着嗓子喊我下楼吃午饭，我才离开那个清幽的世界，像换了个人一样，激动地奔向热腾腾的饭菜。

其实美国的中餐并没有想象的那么难吃，只是没有了小时候的味道，坐在身旁的也不是侃侃而谈的父亲，听着朋友大声地说着"这炒饭味道还不错"，我笑了笑，碗里也没了妈妈夹给我的饭菜。

记忆里的上海没有现在这么摩登，还有那么点小清新，有那么点小花在路边冒出嫩芽。现在再回去，看到的总是高楼大厦的霓虹灯，但是挺开心的。在美国这个"大农村"待久了之后，倒是喜欢故乡那种被城市笼罩的气息。或许是招待我回家的原因，家里再也没有那种清幽的样子。我没有时间趴在窗台前看樱花树上结了果子，也没有听到远处的钢琴声和小鸟的合唱。在梳妆台前穿戴好衣服，下了楼便是吃外婆做的面。那面还是原来的味道，有点辣，有点咸，我喜欢。然后我拿着包就出了家门，匆匆忙忙，反而不如小时候什么都不懂得好。

我并不知道出国教会了我什么，有可能过十几年我再回头看现在，或许也是像如今这般感慨。不过到时候还会想起些什么声音、什么味道呢？

乌鸦又叫了几声。朋友睡着了，电脑的钢琴声也渐渐停息。我从记忆中抽出自己，看着眼前的英语论文还没动笔，我关掉了回忆的窗口。

开始新的篇章吧！

（作者：严树成）

思念是一种病

当你在穿山越岭的另一边,我在孤独的路上没有尽头。

每当上学或者放学坐在车上的时候,我喜欢看向窗外,不说话,然后胡思乱想,想得最多的就是家里人了。爸爸在给我写的"江湖秘籍"上说,想哭的时候就哭出来,但别让眼泪影响解决问题的速度。所以,我只让眼泪在眼眶里打转,绝不让它流出来,然后微笑着走向学校或者回家。

这不是强颜欢笑,只是我知道,流一次眼泪、伤一次心、做一个乐观的人,没有什么不对,也没什么不好。在学校紧张的八节课7小时里,偶然想到家里人的面容,就会更努力地听课。是的,思念是一种病,得治。怎么治?高年级的朴学姐有办法。

今天早上上了8点钟的闹钟,然后迎着晨露走在家门口的小路上,给家里人打电话。很想把所有的事都一起说完,可是又说不完。时间是一个神奇的东西,每秒都是恒定的,但似乎又可以无限延长,也可以无限缩短。和家里人打完电话后,和朴学姐畅聊了很久。她有的时候有些城府，但算得上为人真诚。认真地倾听我讲完今天打电话的经过后，她告诉我："你可以对家里报喜不报忧。但当你遇到问题时，还是要第一时间寻求家里人的帮助和建议。不是说你一哭着告诉他们你有多伤心，而是要理性地和他们一起分析和解决问题。你可以在这个时候成熟，别忘了你的年龄，今年你 14 岁，该快乐的时候，也请你拿出 14 岁孩子应有的快乐来。"我不知道她说的是不是有道理，但我明白，作为一个过来人，她有足够的经验告诉我这些话。对于她的真诚，我能给予的，只有一个妹妹对姐姐的拥抱。

朴学姐又一次为我做了韩国冷面，还贴心地煮了一个鸡蛋，加上蔬菜。这个时候的她，还真的像一个姐姐。和她一起分享完面条以后，我们各自分工做起了家务。做家务真的是一项体力活儿，想起以前妈妈做家务的情形，我才知道，这种体力活儿是多么劳累。我真的好想飞奔回家，替妈妈做一点我能做的事。不过多地展望未来，因为未来是未知的。但是有一点我很确定，学成之后，我一定会回国，陪伴爸爸妈妈，一定要把从 14 岁开始离开他们的时间弥补回来。对，我找到了治疗思念这种病的良药，就是努力学习，抓住想要的未来。

思绪很乱，有很多话想说。现在来说说周四的橄榄球赛吧。橄榄球，美式的足球，可以手脚并用，抢到球并且跑到相应位置，拿到分数。周四的比赛是我们学校海神队的主场，所有的学生都参与到了比赛当中。朴学姐在乐团演奏长笛；学校舞蹈队的伊万和卡洛琳姐妹组织了啦啦队；我带着相机，决定记录下这一场比赛。美国的文化讲究合作，包括体育运动。橄榄球队员会各自防守一个对方球队队员，同时为拿球的队友开出一条道路。他们就像家人一样，分工明确，彼此想着对方。看台上学生会的学长们不停地喊着加油的口号，使整个球场有了家的气息。是的，学校就是一个大家庭，通过这么一个小比赛，也可以感觉到家的温暖。就算不懂球，也可以和大家一起欢呼，享受成功的喜悦，感受空气里的回声，让自己不再寂寞。

看球的那天晚上我穿了裙子，住家妈妈看到了就夸我好看。昨天寄宿姐妹们见到了我爸爸妈妈的照片，也说他们年轻。所以，爸爸妈妈，请你们不要在意时间，和我一起用乐观来治疗思念，一个学年就是一个疗程，孤独的路也会有终点，这个终点就是不论时间如何流逝，你们都依然年轻。

请你们，所有爱我和我爱的人，保持你们现在的模样，让我们找到孤独路上的尽头，治好思念这种病，在这个尽头微笑着重聚。

每年四月，清明时节，踏青扫墓，在中国再寻常不过。我在断断续续飞雪飘雨的异乡，盼着更温暖的天气，度过的却是复活节。

一双脚，走遍大江南北，山川湖泊，为自己的追求越走越远，家人在身后遥祝。

我这么想，这么静静地享受着快要退去的寒冷，等待着即将到来的春暖花开；我这么想，这么悄悄地记录着自己快抑制不住的心情，展望着终于触手可及的夏天。

如果我可以，我愿意回国后重新踏上喧闹的南屏街。那里是我和妈妈可以尽情挥洒少女情怀的地方。我们花一天的时间，逛街、看电影、吃冰激凌，忘记自己的减肥计划。妈妈总是等着我驻足看够我喜欢的小饰品，我也总是等着妈妈一闪身进到试衣间，然后在我面前开始她一个人的时装秀。人生最幸福的事，是在南屏街上，和妈妈穿梭于熙熙攘攘的人群中，紧紧牵着彼此的手。

如果我可以，我愿意回国后重新踏上短短的环西桥。那里是我陪奶奶买菜的必经之路。我们一路聊着不同的话题，从奶奶比我高一头，一直到我可以搂着奶奶的肩。奶奶带着我穿行在叫卖的商贩之间，不时砍砍价，又和熟悉的老菜农寒暄。我指着我想吃的东西，奶奶笑笑，掏出她的花布钱包，买下。人生最幸福的事，是在环西桥上，挽着奶奶，手里提着菜，漫步于清晨的阳光里，肆无忌惮地笑。

如果我可以，我愿意回国后重新走进那个古色古香的茶室。那里是我和爸爸小憩的地方。一杯清茶之后，我照常复习，做作业，爸爸就看着我，听着似乎永不停歇的古琴声，度过一个下午。初中两年，有人问我做作业那么快的秘诀，我没有秘诀，只是因为和爸爸在一起，我觉得时间不会流逝。人生最幸福的事，是在茶香之间，我认真做作业，爸爸认真地看着我，一个下午又过去了。

如果我可以，我愿意在回去不久后重新走进昙华寺的大门。那里是我和爷爷散步的地方。从小时候爷爷背着我，一直走到长大我挽着爷爷，他拄着拐杖。抬头，闻得见木瓜花的清香，看得到蜜蜂吸食着山茶花的甜蜜。踩着柔软的青草地，那是一个还带着露珠的清晨。人间最幸福的事，在昙华寺公园里，是陪着爷爷赏一上午的花。

如果我可以，我愿意在回去不久后进到学校，再跑一次八百米。那里是我和最爱的同学们奋斗两年的地方。我尝得到汗水的苦涩，听得到朗朗的读书声，看得见一片校服的金黄色。那是我们的青春被收藏的地方，是我们年少不羁的证据。人间最幸福的事，在师大实验校园里，是再苦再累，也对同学微笑，给他们加油。

故乡的风景，故乡的人们，我好像走得太远，但是回忆总会让我一次次回归。人间最幸福的事，是再次见到你们，更加珍惜和你们在一起的时光，陪你们走过我们曾经走过的地方。

我们无法控制眼泪，但我们可以改变眼泪的意义；我们不能否定想念，就让想念变成念想支持我们前进；我们无法预知未来，但我们可以支配现在；我们还不能团聚，但是离别是为了更好的团聚；我们不能改变昨天，但我们可以期待明天。

未来，让我们重逢在灿烂的季节。

（作者：Diana Lei）

第六章

慈母手中线，
游子身上衣

儿女这么小就离家千里，是为了能在更广阔的世界成长。

让儿女在十四五岁这么小的年纪里就离家千万里，做家长的纵然千般不愿，但为了孩子能有更广阔的成长空间，也会付出一切给孩子创造美高生活。面对未知的将来、对子女的担心，父母们在做出选择的同时也承受了巨大的压力。

让我们来听听这些家长为了孩子们的美高留学之路都做了怎样的准备。

女儿去美高

烟花三月，中国的江南草长莺飞。

一边是微信群里不时传来的美国高中录取信息，有人欢喜有人惆怅；一边是女儿学校发来的邮件视频，内容是女儿和她的美高同学在尼泊尔的春假之旅，白黄黑三色人种，融洽而又欢乐。这一切又让我不禁想起 2014 年的那段时光。

女儿 2014 年这个时候已经获得了美高名校的录取通知书。她妈妈反复考虑的是机票、行李、行程，担心女儿去美高之后难以尽快适应，难以保持良好的学习状态，难以交到足够多的新朋友，甚至气候、饮食等方面，无不操心。

作为父亲，我为女儿去美高做了些什么呢？

首先是坚持让女儿参加中考。我对女儿说：你已经不需要参加中国高考，但必须体验一次中考，体验那种千军万马过独木桥的感觉，而且要保持以往的优势考入重点高中的重点班级，在中考中证明自己，然后，作为一名优胜者自信而优雅地离开。女儿从小读书认真，成绩优异，6 月的中考依旧没有让我们失望，轻松取得重点高中实验班的"入场券"，当然我们最后放弃了入读。通过这件事我想让孩子知道什么叫有始有终，什么叫拼搏的过程，同时也希望她多体验一次付出就有收获的喜悦。

其次是安排一次中国文化之旅。女儿从懂事起就跟着我到处旅游，中学时代又有跨国修学体验，早早地去过了欧洲、美洲和亚洲的许多国家。但当她真的要远渡重洋去美国求学时，我迫切地希望中国文化在她的心中能打下更深的烙印。我不希望 10 年之后的女儿心中只有华盛顿纪念碑、林肯纪念堂和白宫。于是利用假期，我们全家先后去了北京和陕西等地，仰望天安门的五星红旗，参观故宫的珍藏，抚摸西安古朴的城墙，体验华山的险峻秀美。我希望我的孩子眼界是国际的，而心是中国的。

再次是举行一次全家人的聚会。祖孙三代，兄弟姐妹，一次家庭式的聚会；没有送别，没有伤感，仅仅是一次温暖的相聚。我的宝贝，我要让你知道，无论将来你飞得多高多远，获得多大的成就或者经历多大的挫折，家永远是你最温暖的港湾。我们对你的爱永远无私而炽热。

最后是进行一次严肃的深夜谈话。在女儿出发去美高的前夜，夜深人静，我和女儿促膝长谈。我告诉孩子：第一，送你去美国留学，只是为了让你获得更好的教育资源，以后的人生能有更多的选择，父母的目的单纯且毫无功利性，但你作为当事人想要把握命运，想要一段无悔的人生，则必须付出更多的辛苦与努力，不要相信那种莫名其妙的传言，真正的美高绝不是一段悠闲的小资时光；第二，文化融合不是一件简单的事情，甚至会有冲突的过程。做最真实的你，保持一颗理解和包容的心，那么一切都会成为美好难忘的回忆……

时光匆匆，如今女儿已经在美高度过了第二个学期，适应得很快很好。无论在学业还是体育艺术活动等方面都取得了良好的成绩，关键是生活的每一天都非常快乐与充实，这让我十分欣慰。女儿，我的宝贝，从美高开始，你的人生已经进入新的阶段，每一次新的经历，都像对钻石的细致打磨，只会使你更加璀璨耀眼。

祝福你的人生更加精彩！

祝福所有美高的中国孩子都拥有美好的人生！

（作者：Shirley 的爸爸 Lucas）

Shirley 的话

　　去美国读高中这个决定做得非常仓促，其实就是因缘巧合吧。我还记得坐上车，赶赴上海参加第一个面试时猛烈的心跳，也记得知道托福成绩时因为快乐而流下的泪水，更记得收到录取通知书前日日夜夜的等待，以及拖着行李踏上美国土地时的心潮澎湃。在留美这条道路上走着，我越来越感到父母对我的支持和理解的可贵，他们一直在那里，在我的身后，聆听着我的想法，给我百分之百的支持，在我迷茫时，又给我适当的引导和依靠。在美国生活学习的这大半年，因为忙碌，和家里的联系并不多，然而我时刻记得，能拥有这样的父母，是我天大的幸运！

一路走来是长大

2014年8月2日，上午7：30，首都机场。

时值暑假，正是孩子们一年中最兴奋的时候，到处是熙熙攘攘的人群和孩子们欢快的笑声，这样的时节，无论多早或多晚，机场都不会寂寞，孩子们在爸爸妈妈的陪伴下，从这里出发，飞赴全中国乃至全世界的名胜，希望用清澈的眼睛打开这个广袤而神奇的世界。

站在这里，我们也不例外，女儿果果也即将从这里出发，抵达她的目的地——美国。不同的是，14岁的女儿，她是一个人独自远行……

直到今天，不停地有人在追问我："为什么把那么小的孩子送出国了？不心疼吗？为什么不让孩子长大一些再送出去？""14岁的孩子啊，怎么能放心让她出去？"这些问题，其实也一直困扰着我——14岁，正是一颗花蕾初露枝头未经风雨的年纪，离开父母独立生活都不容易，更何况还是要到远隔大洋的陌生国度？

179

　　可是，女儿对这件大事却有着自己的坚持和执着。经过无数次的对未来各种困难的认真分析之后，我们不得不暂时放下担忧，支持女儿的决定，开启倒计时，全力以赴和她一起做最后的准备。

　　160天后，迎来了眼前的这一幕：一个14岁又103天的孩子，一个人登机，一个人在芝加哥迷宫般的候机楼转机，一个人带着行李奔赴异国他乡，独自在那片年轻的新大陆上，开始经受重重考验和磨砺，完成她的学业，追寻她的梦想……

　　转眼间，女儿在那个被她称为"屯儿"的小城市里已经独立生活了200个日日夜夜，我欣喜地看见，女儿用自己的热情、善良、勤奋和汗水见证着一点一滴的成长和变化，一步步融入当地的生活和环境，用自己的思维方式和应变能力收获了更多的知识、友谊和成长的记忆。

　　我欣慰地看到女儿身上的变化，体现在学会了合理有效地安排自己的时间，从容应对陌生的学习生活。在同龄的孩子中，女儿对时间的把控还算是不错的，从小我对她说得最多的一句话就是"要合理安排好时间"。对于父母不在身边、无人督促的小留学生们来说，时间的有效分配和利用是孩子们在陌生环境里最严峻的考验。

　　开学的第一天，果果就被美国学校严格守时的观念敲了一记警钟。学校课间休息只有 4 分钟，每门学科又有不同的教室，由于忙着换书没找到教室，结果上神学课迟到了，被严谨的神学老师罚坐到最后一排角落。这事搁谁身上都会感到委屈，下了课，她主动找老师道歉，并解释了迟到的原因。她很快获得了老师的谅解和同样的歉意，并在第二天上课时被专门调到了第一排。当然，在之后的学习过程中，女儿提前做足了功课，不让类似的事情再次发生。现在的她，不仅能轻松自如地穿行在各门课程的教室之间，还能在 4 分钟的休息时间里游刃有余地为自己倒上一杯水。

在逐渐适应了学校的课程之后，她还主动跟老师沟通调整了数学的课程进度，选修了另一门外语——德语。德语难学，众所周知，她在学习过程中很好地与老师和同学交流，从学习的效果来看丝毫不比同样是将德语作为外语学习的美国孩子差。学期末，她已经自主选定了第二学年的课程，同期开始规划自己四年后的大学之路。

在学习的同时，果果也没有忘记在美国继续自己的业余爱好——弹钢琴。在国内学习了十年的钢琴，虽然琴技一般，但毕竟已成为生活中不可或缺的一部分。去美国之前，她跟随恩师恶补了两个月，目的是到美国后能自主练习。偶然发现学校有一间上锁的钢琴房，她几经辗转找到了老师，申请获得许可后，在每周等待寄宿姐妹放学的间隙，她可以在那里自由地练习。正应了那句"音乐无国界"的话，就是通过这些黑白琴键，女儿结识了不少爱好钢琴和音乐的同学，交流中发现，中国孩子从小接受严格系统的钢琴学习，基本功扎实，而美国孩子在弹奏中更注重即兴表达与发挥。就这样，大家在一起取长补短，相互学习，一起练习曲目，一起参加学校和社区的音乐会表演。对音乐的热爱，对钢琴的执着，让她在异乡也享受到了音乐带来的愉悦。

女儿身上的变化，还体现在她对生死观的理解。或许，对一个14岁的小女孩讲生死未免有些矫情，可是在美国参加了寄宿妈妈的一位年过百岁的亲戚的葬礼后，果果对美国人从容、淡定地看待生死有了进一步的了解，在她的内心深处激发出了对生命的热爱以及多为社会做有益之事的感触，更能理解美国人乐观、豁达的生活态度。这些从亲身经历中获得的感悟，远比从教科书上学到的文字要深刻、形象和真实得多。

女儿身上的变化，也体现在懂得了个体融入整体的观念。在国内时，女儿从小有着很狭隘的是非观，对待很多事物都容易贴上非黑即白的标签，这一点，曾让我倍感无奈。到了美国之后，孩子需要独立面对问题，由"个体"变成了"整体"中的一员。她不再像以前那样喜欢论是非、求对错，而是以更加包容的心态面对一切：

融入寄宿家庭的生活，融入学校社团的生活，融入当地文化精神的生活。比如加入了从"零认识"开始的垒球队，每次学校组织的宗教仪式都认认真真地参与其中，甘当一个"伪球迷"和已然是校队"男足球星"的闺蜜一起看球赛……在美国这个包罗万象的国度里，女儿像海绵一样时时刻刻汲取着营养，同时，也用这些营养滋养着自己的头脑、人格、体魄和对他人的尊重。

女儿身上的变化，还体现在她学会了从容面对挫折，学会让内心变得足够强大。在半年多的时间里，果果写下了五万多字的随笔，字里行间，我能看到一个经常独自应付各种窘境的大孩子形象和一颗思乡伤感而渴望长大的心，这或许就是千千万万小留学生的缩影。记得有人把这些小留学生称为"远涉大洋的追梦少年"，我却更愿意称他们为一群年少可爱的"铸梦者"，正是他们，用自己的独立、坚强、勤奋、积极和努力感受着家国之外既精彩纷呈又万般无奈的世界，从而淬炼出自己独一无二的精神气质，吟唱出一曲只属于自己的无悔求索的梦想之歌！

回到开篇时的那个难题，我必须再次承认自己不是一个"好爸爸"，因而始终没找到满意的答案。在独生子女集万千宠爱于一身的亿万中国家庭里，我选择做一个"狠心的狼爸"。我必须懂得尊重孩子：尊重她的每一次开口和微笑，尊重她的每一次选择和决定，尊重她的每一次成长和每一步踏实的印记。因为孩子的路，终究要靠她一个人走。

在信任的基础上尊重孩子，让他们独立完成自己的蜕变之旅，未尝不是父母赠予的一份特别的岁月成长礼！

（作者: Diana 的爸爸 Lucien ）

Diana 的话

　　读到爸爸的文章时，我的春假刚刚结束。准备赶飞机前，我还是忍不住读完了这篇文章。从未想过在送我出国的背后，父母的心里有那么复杂的想法交织缠绕——可怜天下父母心！我必须和爸爸妈妈说对不起，因为无数次设想的学成归国将会是数年之后。那时的父母或许已经头发花白了吧？在他们最需要人陪伴的时候，我却无法在他们身边，唯一能做的只是继续努力，勇往直前。

　　曾经有人告诉我出国的第一代是辛苦的一代，我无法否认或反驳。

　　留学的确苦，但是父母的爱，才是我最大的动力。

妈妈聊申高

走着走着，另一扇门打开了。

儿子读私立初中的那两年，得了鼻炎，常常感冒。早上，看着他病恹恹地走出家门，慢吞吞地跟在他爸身后出电梯、上车，看着他瘦弱的身体，我心痛。

我说："儿子，你休学吧，练练武术，把身体养好再说。"他说："老妈，你让我以后怎么跟我的孩子讲？"

继续心痛。

"儿子，休学吧！把身体养好再说。""妈妈，你让我以后怎么过？"

问了两次，后来不问了。因为休学对他来说，实在太难了。

2012 年 8 月初，儿子说他看到了出国读高中的一个网站，觉得挺好的。他没直说，迂回了一下，估计怕我不同意吧，没想到我很爽快地答应了。当天，我们去了新东方，咨询了托福和 SAT 考试的事情。暑假过后，我们从私立中学转到了家对面的公立学校。此后，家里和谐了，儿子在家里又唱又跳了，作业基本在学校里就完成了，晚上有大把大把的自由时间了。

真的出去吗？他才 15 岁！

一年一晃而过，2013 年 8 月初，他从美国夏校回来，告诉我两件事：一是夏校毕业舞会，他找到了 I'm the king 的感觉，只要你愿意，只要随心所欲地跳，你就可以舞出自己的人生；二是夏校也有不少作业，但做得很开心，比如一篇关于某两个歌手的作业，查了一堆资料才完成，但非常有成就感。

爸爸还有些犹豫，才 15 岁，出去了能控制好吗？我也担心，真有这么好吗？

2013 年 9 月，我独自上路了，去看看美国高中究竟长什么样，真的适合孩子吗？

从美国西部到东部，走马观花地看了 30 所美高，定了，出去吧，没什么好犹豫的。说起送出去的理由，可能也不够"主流"。

首先，我最在意的是孩子的身体。幼儿园时，儿子身体很棒，小学时，他还是班里的"飞毛腿"和校篮球队员，可是在私立初中的两年时间里，身体与精神都很压抑。而在美高，下午三四点钟后，校园是沸腾的。看着孩子们在操场上运动竞技的身影，想着儿子在国内又没锻炼时间又没锻炼场地，我想，出去是值得的，身体好才是最重要的。

　　其次是美高浓厚的爱的氛围。加州的 Stevenson School（史蒂文森中学）是我参观的第一个学校，接待我的是招生办的 J 老师，我的英语并不利索，她却一直用那么热切的眼神看着我，鼓励我用英语的表达，那一刻我突然发现，老师仅仅用眼神就够了！充满了爱和期盼的眼神，一下子激发了我的内在力量，让我表达得越来越顺畅！此后的访校之旅，我时刻被这种"爱"激励、感动，每一个人都如此热心，随时准备提供帮助，真的很受感动。因为爱，我愿意让孩子上美高。

　　最后是美高丰富多彩的校园生活。中国的学校是以学习成绩为主的环境，"学生"是孩子们的主要身份。而在美高，孩子们是真正以"人"的身份存在。是人，就不应该仅仅是学习，运动、友谊、课外活动等都不可或缺，即使是孩子，也应该拥有完整的生活和丰富的体验。

　　至于高大上的价值观建立、发现自我、激发内在的动力等等，都是后来的额外的收获。孩子体验过了，家长考察过了，爸爸也同意了，我们全家就目标一致地走上了申高之路。

　　往前冲，这未知的征程。2014 年 8 月，儿子入读美高，开始这段未知的人生旅程。

　　一切未知。不知 4 年后怎么样，更不知 8 年后怎么样。他说大家都觉得在美高心累，在中国只要学习好就行了，而在美高，光学习好是远远不够的，还有人的全面发展，爸妈远在万里之外，一切都得靠自己。

一切未知。这么小的孩子，一人独自在外，又生怕爸妈牵挂，只报喜不报忧。饮食不好，忍着；碰到挫折，扛着……儿子每隔一段时间，给我们发一篇他的文章，读着他的文字，有时惊喜得掉泪，有时心疼得掉泪……

但是，也只能这样，也只能这么含泪看他成长……

人在外，心贴着……

（作者：Liam 的妈妈雪飞）

Liam 的话

美高真正的意义就在于：当你在不久的将来回首，把那时的自己和现在的自己做对比，发现竟然感觉不像是一个人，无论是学术竞争力还是艺术、体育方面，你都有了很大提升。美国教育对你的改变是根本性的，也是值得的。我觉得如果选择了这条路就请一直走下去，因为你不会后悔也不能后悔。

放手更是爱

前几天，在美国读书的女儿在朋友圈发了一张跑步时拍的天空的照片，留言引用了一句歌词"原谅我这一生不羁放纵爱自由"。他老爸在下面留言：海阔天空任鸟飞。短短两句话，反映出女儿的性格和我们做父母的一直以来对她的支持。

2013 年暑假，我们全家需要的一个重要决定，就是去美国读高中还是参加中考在中国读高中。其实与其说是三人做决定，不如说是让女儿确定她的选择，因为不管她做什么决定，我们都会支持。女儿也是纠结了很久，最后才下了决心——去美国读高中！从此，只有经过高申的孩子和父母才能理解的日子开始了，托福，SAT，写文书，申请学校，面试，等 offer，那几个月的日子感觉是自己有生以来最难熬的时光。中间女儿哭过好几回，因为真正开始一步步走上高申之路，才认识到自己选择了一条未知的路，无法知道最后的结果，不知道选择这条路是对还是错。其实在那段时间我也经常失眠，纠结、彷徨、后悔，可是我从没向女儿表露过这些。

难熬的几个月终于过去了，3 月份开始陆陆续续收到学校的
offer，特别是有两所都觉得已经没有希望被录取的学校也发了 offer，
突然觉得这几个月的煎熬有了回报，阳光也开始灿烂起来。剩下的
日子就很快了，转眼就到了开学报到的日子，我和她爸爸一起送她
去学校。每个人都觉得离别的时候我会哭，我自己也这么认为，但
真到了那天，我居然没哭，因为在学校待的那几天，看见女儿每天
兴高采烈地给我们汇报一天发生的事情，看到她那么快融入这个环
境，喜欢她的学校，只要她快乐，我就放心了。

其实后来看了女儿写的文章，才发现原来她也哭过。因为刚去
网球队，还不是很适应，训练结束时自己在回来的路上就莫名其妙
地哭了，但是快到停车场的时候已擦干泪水，装作很高兴的样子跑
向在停车场等候的我们。看到文章的时候，我心里好酸，因为女儿
的懂事。其实从出国的那天起，孩子就突然长大了。现在女儿已经
在美高读了一学期，自己选择课程，并且对四年的高中课程都有了
规划，虽然学习一点也不轻松，可是都是自己对自己的要求，没有
老师和父母的逼迫；结交了新的朋友，参加了学校的网球队、棒球队，
并且养成了运动的好习惯，周末没有训练也要自己去跑步；每天去
学校的琴房练习古筝，并且在校内和校外表演过；回国后热心地去
参加讲座，给大家介绍美高的学校生活。看着女儿的成长，我们很

欣慰，一个独立、健康、快乐、善良的孩子，不就是我们希望看到的孩子吗？

自从孩子出国后经常会有人问我，你舍得吗？那么小的孩子在异国他乡，我怎么会舍得呢？如果可能，我希望把她捧在手心里小心地看护，看着她一点点地成长。可是既然这是孩子想要的生活，我们作为父母无权决定她的生活。既然孩子的愿望是去外面的世界闯荡，我们做父母的只有支持，做她的坚强后盾和温暖港湾。在这些日子里，我总是用纪伯伦的诗勉励自己：

> 你们的孩子，都不是你们的孩子，
> 乃是生命为自己所渴望的儿女。
> 他们是借你们而来，却不是从你们而来，
> 他们虽和你们同在，却不属于你们。
> 你们可以给他们爱，却不可以给他们思想，
> 因为他们有自己的思想。
> 你们可以荫庇他们的身体，却不能荫庇他们的灵魂。
> 因为他们的灵魂，是住在明日的宅中，
> 那是你们在梦中也不能想见的。
> 你们可以努力去模仿他们，却不能使他们来像你们。

因为生命是不倒行的，也不与昨日一同停留。

你们是弓，你们的孩子是从弦上发出的生命的箭矢。

那射者在无穷之间看定了目标，

也用神力将你们引满，使他的箭矢迅速而遥远地射了

出来。

让你们在射者手中的弯曲成为喜乐吧，

因为他爱那飞出的箭，也爱那静止的弓。

（作者：Samantha 的妈妈 Linda)

Samantha 的话

　　我一直很庆幸自己生在一个如此幸福的家庭里。我的父母从没有代替我做过任何决定，也没有强加给我任何观念。对我来说，他们是值得我尊敬的朋友，无论发生什么都不会离开的温暖港湾，当我迷茫失意时给予我鼓励和方向的导师。从小的"放养"政策使我比同龄人更加成熟，也让我有了自己做决定的勇气。但是我知道，我之所以可以这么勇敢地去做一只黑羊，是因为我的身后一直都有两个无条件支持我爱着我的人。他们的爱是我披荆斩棘、勇往直前的动力和保障。

　　谢谢你们，我爱你们！

无怨无悔美高路

2012 年 8 月，才 14 岁的大女儿独自一人踏上了留美高中求学之路，成为一个名副其实的小留学生。因为当初希望她能够更多地了解美国的文化、生活习惯和历史传统等，所以帮她选择住在美国人的家里，全方位接受美国文化！作为母亲，我见证了女儿的这段经历，其中有对陌生环境的恐惧，有孤单寂寞，也有对当地饮食的排斥，但重要的是，有了这段经历，女儿完成了由内而外的蜕变成长，懂得了如何待人接物，形成了独立坚强的品格，面对各种问题都能游刃有余地加以解决。过程虽然艰辛，但收获的是人生的重要经验和财富。

去美国以后的前两个月，除了语言上有些障碍，一切都是新鲜的，女儿可兴奋了，每天都告诉我们，她好开心，好快乐，每天很早放学，又没什么作业，住家爸爸妈妈对她也无微不至地照顾，每天都给我们带来好消息，我们悬着的心也就平静了很多。

可是当新鲜劲儿一过，女儿开始感到孤独了，一天一个电话，想家呀，想中国美食呀，和同学关系处理不好呀，各种问题都来了。记得印象最深的一次，女儿和住家发生了小矛盾，女儿买了一双高跟鞋要去参加舞会，但住家妈妈不同意，女儿认为是自己的钱，为什么不能花呢？而住家妈妈的意见是，她年龄太小，不适合穿这种高跟鞋，况且买东西一定要有计划性，作为姐姐（住家有三个孩子）一定起到良好带头作用！女儿打电话和我哭诉，哭得我心都碎了，怎么安慰也不行，我们相隔万里，鞭长莫及，真是干着急！

万幸的是，她的住家妈妈用爱去关怀她，特别耐心地和她谈心、沟通，最终把问题给解决了，女儿破涕为笑，变得更阳光、更快乐了，并且对我说：妈妈，我知道这条路很辛苦，但是是我自己选择的，我就是爬也要爬完这条路！

一年以后，突然觉得女儿长大了，越来越独立了，越来越坚强了！而且越来越理解父母挣钱送她出国留学不容易！在住家爸爸妈妈的帮助下，她经常去教堂做义工，还有了良好的自我控制能力！第二年女儿的学习成绩有了突飞猛进的提高，并且经常参加学校的各项活动，尤其和美国的同学处得特别好，自己开心得都快不想家了。我发现孩子完全变了，由以前的叛逆少年变成了一个阳光、积极、体贴、宽容、向上的美少女了！

现在女儿更棒了，上了 11 年级，女儿的功课特别多，每周都有各种考试，还有托福和 SAT 考试，但女儿都能乐观地面对。记得有一次我问她怎么做到的，她坚定地说：妈妈，我身边没有人为我处理，我必须自己处理好自己的一切事情，感谢生活的各种磨难！我听后眼睛湿润了，孩子长大了，成熟了！我发现孩子不纠结了，遇事会从不同角度出发去考虑问题了，也经常体贴关心爸爸妈妈和小妹。2014 年爸爸过生日时她写了一篇日志给爸爸，感动得许多人流下了泪水，我们都为女儿感到自豪！说句真心话，让孩子走这条路，我们没后悔！孩子，永远祝福你，爸爸妈妈永远爱你，祝福你能申请到理想的大学！

（作者：胡诗怡的妈妈宁玉春）

胡诗怡的话

　　读完妈妈写的文字，我回顾了一下三年的美国时光。时间过得真快啊，当初我来美国的时候刚刚初二毕业。其实在美国的这三年并不都是开心的，也有许多的不开心、困难。记得第一年的时候，我每天都在扳着指头数什么时候可以回家。自己也在日记里幻想在回家的飞机上面是怎样的，暑假又是怎样的。

　　记得第一学期的时候我的学习成绩很不好，也难怪，当时没有父母的约束，我每天就在自己的房间里面看电视剧。第一个学期结束时，我进行了自我反思，爸爸妈妈工作那么辛苦，每年的学费又那么贵，我为什么不好好学习，让这些花在我身上的钱变得有价值呢？

　　从此我开始用功读书，学习成绩也突飞猛进。今年是第三年，或许是已经习惯了每年的分离，这次离别的时候并没有哭。在美国，Junior（11 年级）是特别难的，既要做学校的作业，又要考托福和 SAT，还时不时要去参观大学。但是我的学习成绩依旧很好。明年我就是 Senior 了，心里有点激动和期盼。三年的离家在外并不好受，但是就像我说的：这条路是我选的，我跪着也得走完！

背影、目送、祝福

此刻，独自坐在空荡的房间内。

不知如何描述机场的送行。耳闻过许多家庭的离别，也曾多次自问是否会泪洒机场。可实际情况却是，那天从早上睁眼开始便匆匆忙忙进行最后的行李整装，带你去医院再次看望外婆；下午忙着整理琐碎物件。慌里慌张匆匆忙忙赶往机场后自助领登机牌、排队托运行李，便自然而然地来到了安检口……无数次想象的场景没有发生，我故作微笑催促着爷俩，你们一前一后与我挥手告别。独自站在安检门外，眼眶有些湿润，泪水终未决堤……

终于匆忙地迎来了这一切，终于把你送出国了。

很多人不理解我们的决定。从你的学习来看，就读名校、成绩优异、品行出众，一向是老师、同学、亲友眼中标准的学霸，留在国内会有很好的发展前景；从亲情方面来说，从小一手将你带大、对你感情极深厚的外婆身患阿尔茨海默病已八九年，目前处于无法自主进食和排泄、需全护理的重症阶段，你不舍得离开外婆和悉心照料她的外公；从家庭经济方面看，我和你爸都是工薪阶层，靠着自己的勤劳刻苦加上机遇，才有经济条件供你留学。为了供你出国留学，我和你爸还得继续工作奋斗十年，勤俭持家，不敢奢望早日退休过上惬意生活的日子。总而言之，似乎现在送你出国完全就是自讨苦吃。

之所以还是让你走，主要有以下原因。

第一，我们想让你尝试一种全新的教育体制。我不想自己的孩子整天被书包、作业压得喘不过气来。当你所有的业余时间都花在功课与补习上，当你的作业除了机械的背诵就是做不完的题海，你哪里还有时间锻炼身体？哪里还有时间发展自己的兴趣？哪里还有时间与能力思考自己今后的人生道路？你的青春不应该这样浪费！

当然国外的学习远不是度假，甚至可能比国内还累还苦，也有看不完的书、写不完的报告、做不完的习题。不过他们的教育方式和理念会让你自找苦吃还乐在其中，尤其对于像你这种热爱读书、自我约束能力强、勤奋刻苦的孩子来说，更是利大于弊。别的不说，就说最近一段时间你为了能适应那里每天越野跑步十公里的要求，天天深夜在小区内坚持跑步的事。从最初跑几步就气喘吁吁到现在每次能一口气跑三公里，一个多月下来体重减了十斤，亲友纷纷夸你明显瘦了而且精神饱满。谁能想象初中的你一千米几乎没及格过，其他体育项目水平也在及格线之下。中考体育被迫病休，只拿了满分 30 分中的 24.5 分！光就这点（为了适应那里的要求而被迫做出的积极变化）就让我觉得出去值。

第二，我一度也从投入产出的角度反复考量你出去的花费与今后的回报问题。说实话，单纯从物质角度说，出国留学可能是得不偿失的。我们家毕竟是工薪家庭，我和你爸多年辛苦打拼积累下这点财产太不容易了，总得掂量掂量。你也很懂事，反复考虑我们家的经济状况，犹豫是否出国。

后来我接触并请教了不少留学圈内人士，和你爸达成共识：眼光放长远一些，不要完全为了功利目的而留学。当然高中留学希望你能在外面站上一个更高的平台，从而进入一所理想的大学深造。但是更应该把留学生活作为人生历练的一个重要转折点，接触不同的人和事，体验完全不同的人生，锻炼你的独立学习生活能力、与人相处能力、独立解决问题能力以及辩证分析问题的能力，知道自己要什么，怎么去做。如果那样的话，相信今后不论你身处何地，你都有能力生存下去！

现在的你最缺乏的就是决断力，遇事总是优柔寡断，反复考虑利弊得失，用你自己的话来说就是患有重度选择恐惧症。也许是因为我平时替你规划安排决策得太多，使你失去了锻炼的机会。凤凰尚且需要涅槃，你那么小出去，虽然会有很多艰难困苦需要你独自去面对，但是每一次困难过去以后便是一次成长。希望你能早日锤炼成坚定刚毅的真正男子汉！

这么一想我们还是决定支持你现在留学。你也不必顾虑重重，我们家还没到砸锅卖铁供你出国的地步。我知道即将就读的学校里有不少土豪的家庭孩子不喜欢读书，有的甚至成天晒家里豪宅，给你造成了一定的心理压力。孩子，记住：这个世界上物质财富是有限的，精神财富是无尽的。你父母很自豪能以自己的能力亲手创造的物质财富供你出国留学，更自豪培养了你吃苦勤奋、重情感恩、成熟稳重的品行！所以别过分受外界干扰，好好在那里学习生活、享受过程，做好自己就行了。

第三，亲情永远是心底最柔软的部分。你是一个很重感情的好孩子，知道你非常舍不得外婆、外公和我们。可是这些年来外婆的病情逐渐恶化，能在家坚持到现在已经很不容易了，外公付出了很多心血，再这样下去也许外公和我都难以为继，所以外婆现在进入护理院也是没有办法的办法。外婆外公、我和你爸终会老去，终有一天会离你而去，这是自然规律。外婆的病情我们都有思想准备，现在的网络这么发达，每周你都可与我们视频通话，你也可以通过视频看到外婆。每年你还能飞回来几次，陪伴我们与两位老人。所以这次绝不是永别，现在的离开是为了以后更好的团聚。

在机场送行时我悄悄地走在你背后拍了一张你背着背包、手推行李车的照片，也许今后我要习惯一次次目送你的背影远行。龙应台在《目送》里写道："我慢慢地、慢慢地了解到，所谓父女母子一场，只不过意味着，你和他的缘分就是今生今世不断地在目送他的背影渐行渐远。你站立在小路的这一端，看着他逐渐消失在小路转弯的地方，而且，他用背影默默告诉你：不必追。"可我知道，你的背影对我说："等我，我会回来……"

送上我默默的祝福：祝你开心、顺利、成功、成长！

你若安好，便是晴天！

你的母亲写于送别你离开的日子：2015 年 8 月 11 日。

（作者：Jim 的妈妈呆妈）

第七章

美国中学老师
想对申高家庭说

　　在本书的最后，让我们也来分享下大洋彼岸的老师们对我们中国留学生的看法和建议吧。

中国学生的美高学习以及在体育方面的表现

Benjamin Farrell（本杰明·法雷尔）

Dean of Students at the Webb Schools (CA)

（顶尖寄宿高中韦伯学校教导主任）

翻译：Jim Wan The Webb Schools CA

韦伯中学在读学生

美国的高中教育不仅仅是为了培养学生的学习能力以使其进入名牌大学深造，更是为了提高他们在学习中探索的能力以及多角度思维的能力。我们认为所有科目都同等重要，这样学生才有可能成为知识面广、有独立见解的公民。

与中国的应试教育不同，美国的教育并不是单纯为了做题和考试，而是培养学生对各个领域更深层次的理解和独立研究的能力以及锻炼学生的团队合作能力。我遇到很多中国家长和学生十分注重AP（大学预科）课程，其实我们学校就有许多AP难度的高阶课程，同样能帮助学生获取更多的知识。我们的高阶古生物学、解剖学、有机化学学生都有机会使用尖端的实验设备；在媒体艺术课上，学生可以使用设计软件，3D 打印制作美术作品。

很多中国学生非常热情刻苦地投入到学习中，他们时常会找教师寻求帮助和建议。我感觉到他们正在努力追求目标，这种精神在高中乃至以后的大学和工作中都是十分重要的。我们学校的学生来自不同的国家具有不同的文化背景，所以在历史和文学课上讨论时就会有不同的见解。这对我来说也是个学习不同文化的过程。令我印象最深刻的是在我的第一节美国历史课上，来自意大利、俄罗斯和中国的三名同学分别对"民主"给出了三种不同的定义，并展开激烈讨论。

不过我发现中国学生有时过于功利，只在乎自己的成绩单。我承认一份优秀的成绩单是被名牌大学录取的一个重要因素，不过这并不是全部，我希望他们在取得好成绩的同时能够更好地理解授课内容。另一方面，在宿舍中大多数中国学生都遵守学校规定，不过仍有少数学生沉迷于游戏从而影响学业和宿舍的正常管理。我有时能看见宿舍楼里几个中国学生在用中文进行交谈，用母语讲话并不是不可以，不过我希望能更多地看到其他国家的学生和他们在一起交流沟通。所有国际学生在语言上都会遇到不小的挑战，他们应该努力去适应新环境，多跟美国同学交流。

在体育方面中国学生做得很好。他们很乐意参加自己喜欢的运动，并且十分出色。这也显示了中美体育教育的不同之处。中国的体育侧重于应试，而在美国的体育课中，学生更加容易培养自己的兴趣、享受和其他学校比赛的乐趣、获得为学校争光的成就感。我们注重体育，因为先有了强壮的体魄，才能有聪慧的头脑。此外，参加一个校队也可以让学生结交很多新的朋友，有利于身心健康。

最后，我给刚被美高录取的中国学生一些建议：要敢于尝试新事物，走出自己的舒适圈。你将会经历一些挫折，不过谁能不犯错呢？重要的是要在这些失败和挫折中吸取经验教训。你很有幸通过自己极大的努力进入美国高中，那么请继续努力，快乐成长！

美国艺术教育

B 老师

（美高艺术老师）

翻译：Siyu Chen FindingSchool 网站编辑

美国的艺术教育将艺术视为一种体验，而不是一件必须要做或者为了达到某种功利目的而做的事情。我认为在一个孩子的成长过程中艺术是非常重要的，因为它可以培养孩子的创造力。

美国的艺术教育和亚洲的艺术教育非常不一样。中国来的孩子一般在小学的时候就学过动画制作之类的技艺，这跟美国主流的高中艺术教育是很不一样的。这并不是批评或者不认可其他文化中的艺术形式，这种差距是文化背景的差异带来的。我所见到的大多数中国或其他亚洲孩子到美国就读后，在艺术方面都适应得很好。

不得不提中国学生普遍存在的一个问题，就是摘抄别的成型作品，或者太过刻板地按照模板创作，画出来的作品千篇一律，仿佛是同一个老师教出来的。每当这个时候我就会告诉他们，艺术一定要充分表达自己的内心，靠自己的独创能力来进行创作。中国孩子害怕犯错，课堂上非常害羞，很多时候不会主动分享，而我在这里想说的是，成功和进步是建立在犯错误的基础上的，有了错误可以改正，此外在和别人的分享当中也能提高自己的艺术造诣。不要单单模仿杂志或一些媒介、课本上老师给的范例，要充分发挥创造力，艺术是表达自我的一种方式。比如我最喜欢看的就是学生的素描簿，因为这里充满了孩子们的创意和点子，是灵感的涌现，最原汁原味，最富有创新性。

另外中国孩子通常会盯着那些知名学校，非去名校不可，而忽略了是否适合自身的发展。其实名校有好的师资虽然重要，但更重要的是学习艺术的整个过程。

曾经有一个中国女学生，在我的绘画课上学习了三年，一开始她更习惯于中国传统的绘画形式和授课方式，非常羞涩不愿意表达，到后来她上高年级时在我的绘画工作室里主动帮助其他孩子一起进步，我觉得所有的中国学生都可以有这样的转变。

当别人问我，你们学校喜欢什么样的学生，你们怎样培养学生，有什么个性化的课程，希望学生毕业后去到什么样的学校深造，我通常都不会回答。因为我觉得艺术是一种体验，孩子们从中可以表达自我，发现新的东西，而不是为了进入名校或者功成名就。

　　说到这里，不得不提，如果你是一个国际生，想适应美国的艺术学习，然后去某些知名的美国大学深造，那么你必须要有一些转变，在具有独创性的同时，由于文化差异的存在，适应美国的主流艺术形式是不可避免的。所以如果你即将要来美国，并且侧重艺术学习的话，我会建议家长们尽早培养孩子的创新意识，而不要过多去复制模仿。当然，孩子们选择学校和艺术形式的时候最重要的就是适合自己，比如我们 Cushing Academy，招生的时候就很看重孩子的艺术修养和发展，这跟很多学校注重学术或者体育是不一样的。

　　我希望学生明白，我们都在支持、帮助他们，学校是一个大社区、大家庭，我们希望孩子们能舒服快乐地成长和学习。

中国学生美高生活的方方面面

Eden Self（伊登·塞尔夫）

Founder at Boston Interview Prep（Boston Interview Prep 创建人）

Former Assistant Director of Admissions at Fay School

（美国顶级私立寄宿初中菲尔中学前招生负责人）

翻译：Siyu Chen Finding School 网站编辑

美国中学的教育理念是培养独立思考、合作共赢与创新能力，而私立学校更加重视培养学生的责任感，鼓励学生成为优秀的世界公民。

亚洲，包括中国、韩国和日本的学生则都更为侧重日常的功课，尤其注重记忆，而忽视课内外活动的均衡，这一点跟美国是不一样的。比如美国中学在日常上课时会把体育作为很重要的一项内容。

英语好的中国学生通常会很快适应美式教育。来参加过夏令营的孩子因为接触过美国文化，所以也能较好地适应。中国学生最不适应的几个方面是：课堂讨论、时间管理、课外活动以及写作。

　　具体来说，如果你的英语很棒，那就不需要在这语言上选择很多功课，自然就能空出时间来参与活动，适应生活。一个相当普遍的问题是，中国学生之前每天花在功课上的时间太多了，以至于来了美国学校之后无法合理地安排时间。因为这里不只有学习，还会把大量的时间花在体育上。

　　所幸的是寄宿学校的活动安排是统一的，打高尔夫的时候就大家都打高尔夫，学习的时候就大家都学习。相应的，老师也会提供必要的指导。

　　另外文化方面的不同也造成了孩子性格上的差异。中国学生在美式课堂上会显得很害羞，这可能源于中国课堂不太注重师生交流，而只是单方面的讲授。

　　家长和孩子之间目的是否一致也是一个很重要的方面。如果只是家长单方面地施加压力，而孩子不愿意的话，留学是不可能顺利的。在夏校里，就有孩子故意缺席活动，直到最后被劝退。很显然，这就是家长和孩子没有达成一致。

　　然而要改变家长实在是太难了，所以我们只能尽量帮助他们理解，美国中学对学生的预期是什么，认为的好学生是什么样的，与传统意义上的好学生有什么区别，等等。家长们需要着重思考的就是如何平衡自己对孩子的预期，是孩子的快乐重要，还是孩子的优秀重要？

寄宿家庭是给不上寄宿学校的学生准备的，是一种了解美国文化的很好的途径。在寄宿家庭里，孩子不仅能切身感受到美国家庭的真实状态，还能提前适应美国人的生活方式，对以后的留学生涯是大有裨益的。

然而问题也正出在这里，寄宿家庭和学生的分配主要是学校和中介做的，他们需要了解孩子和家庭，有针对性地加以分配。但是经常有些孩子和家庭的搭配不尽如人意。

寄宿家庭实际上也有义务在周末鼓励孩子走出去，带孩子参加活动，了解周边的生活。事实上有些寄宿家庭是极不负责的，他们不主动跟孩子交流，也不帮助孩子。结果孩子只能待在自己的屋子里，这是很不应该的。曾经一个例子是寄宿家庭周末不愿意带孩子出去，孩子甚至去趟超市还要自己打车。

从 2015 年的申请结果看，这一年的竞争依旧激烈。中国学生的标化成绩十分出色，但写作和面试技巧仍旧薄弱。而这正是美国高中最看重的地方。一流的美国高中很少提供语言课程，而目前的情况是，很高的 SSAT 或托福分数也不代表你的英语就很流利，所以学校倾向于用写作和面试上的表现来衡量学生的语言能力。

学校一直在寻找的是能为学校出力甚至争光的学生，如果你在体育、音乐、艺术或领导能力上有杰出的表现，就更容易为学校青睐。大多数美国中学都把体育运动作为一项要求，所以对家长来说，让孩子去运动是很重要的。

在社交方面，中国学生有抱团儿的现象，这是很正常的，毕竟他们来自同一种文化，说一样的语言，吃一样的食物。不过，要想提升你的英语，就必须试着跟其他国家的人交流，特别是美国人。其实体育就是一个很好的选择，交流用语不复杂，还会有情感上的互动。

在留学准备方面，我建议中国学生尽早准备，而且要专注于提升自己的英语写作和英语对话能力上，这对于参加课外活动也是有很大帮助的。9 岁或 10 岁是来美国参加夏令营的最好时机，而且应该参加非学术性的夏令营。这对领略美国文化是很有帮助的。

社区服务是中国孩子的弱项。要求学生既能做一些实事，又能把这些经历说出来。所以在做社区服务时还是要留心并加以记录，在面试环节如果能说说这方面经历的话，将是很好的加分点。

后 记

感谢您看完正文，来到了这一页。

想必您这个时候或多或少对美国私立中学有了一个直观感受，有了这样的基础，我想聊聊一个被很多家庭忽视的关键问题——到底什么样的孩子适合低龄留学，这个问题远比怎么样才能送孩子到美国顶级私立中学重要得多。"前言"说了美国私立中学如何从德智体美劳五个方面全方位培养学生，不过这都是硬件（课程）方面，一个系统要真正运作得好，更为重要的是软件部分（很多时候并不显而易见），也就是孩子的软实力。说实话，这么小的孩子送出去存在一定风险，只是风险的大小可能因人而异，孩子是否已经准备好是首要考虑因素。那么，该从哪些方面考察孩子是否准备好了呢？我建议可以从以下五个方面来考虑。

独立性和主动性：自觉主动地完成任务、主动思考、有自我规划能力。很多家长会有两种极端的想法：一种认为美国学校会像国内学校那样整天盯在屁股后面，管理孩子；另外一种是学校的管理非常松散，极大地鼓励自由和个性化。实际上，美国私立中学会最大程度地平衡两者的关系，尽量做到恰如其分。

时间管理能力：美国的私立中学的课程安排得非常紧，学业、运动、艺术、就餐、自习、自由活动，在一天中相互切换，需要认真地事先规划。在美高校园里，每个孩子都"身兼数职"，做到有效安排时间是一个学生在私立中学站稳脚跟的必备能力之一。

对新事物的好奇：美国中学教育注重个性化，只要孩子有兴趣，学校会想方设法找到好老师辅导。但是孩子要有内在动力，有发掘新事物的好奇心和发展成兴趣的热情。见到太多的中国孩子不去尝试新的朋友、新的科目、新的运动，那你当初为什么要千辛万苦来美国读书呢？

开放的社交能力：私立中学是一个相对比较封闭的校园，尤其是寄宿学校，走读还好一些。老师的身份也是经常性变化的，上午是你的数学老师，下午是你的足球教练，晚上又是你的寝室辅导员，周末或者假期，还有可能被邀请去老师家做客。如果你不善于言谈和主动积极的交往，你生活学习的圈子会很小。

英语能力：真正的语言能力。很多家长经常说我孩子托福考多少多少，认为孩子的语言能力很强，其实这是个很大的误区。语言的提高跟心态也有很大关系，要有开放的心态，积极去学习新单词、新用法。多结交新朋友，在生活中学习和提高英语是一条捷径。

这些能力和品质不是一朝一夕就能养成的。对孩子来说，低龄留学不仅仅是学习上的改变，更是整个生活状态的调整。

　　低龄留学的招生思维与国内高考是完全不一样的，一定不能拿国内应试教育的思维去理解。一位 Fay School（菲尔中学）前招生官说过，招生过程中她想的就是我愿不愿意在食堂坐下来和这个孩子一起吃饭。美国私立中学寻找的是有潜力的学生，有独特性和个人魅力，并且能给学校或社区带来变化的学生。

　　跟四五年前的低龄留学状态相比，现在的家长更理性，更有规划意识。在 FindingSchool 的问答平台上经常有家长询问如何提前三四年做有效的规划。另外，家长也开始了解低龄留学的一些弊端，并更为理性地从问题的两面性去评估它，而不是在短短几个月内就草率地将孩子送出去。

　　如何确定孩子是否准备好了？可以通过面谈，问清楚孩子的意愿，也多观察孩子的独立生活习惯，建议送孩子去国外参加夏令营，观察孩子离开父母的自理和自控能力。

　　如何更好地规划时间？这就涉及一个申请误区：在规划时忽视孩子的兴趣和潜力。很多家长在为申请美国私立中学规划孩子成长的时候，忽视了孩子的声音。美国私立中学需要的是"做自己"的学生，而不是为了达到目的而专门去培养某种能力的申请者。比如孩子喜欢钢琴，但是家长觉得学钢琴的人太多了，改学壁球吧。如果孩子对壁球没有兴趣，面试时的讲述是很难感染人的。美国私立中学招生的时候并不在乎学生对这门专业有多精，在乎的是你有没有全身心投入到自己热爱的事物中，并且在坚持中有所收获。强调个性化和坚持，不仅仅是美国私立中学的宗旨，也是整个西方教育的宗旨。

申请和去读美国私立中学，对孩子来说都是非常大的挑战，但也是非常好的锻炼机会。

最后，我用纪伯伦的诗鼓励所有的已经或者正在路上的家庭，本身走出这一步都是勇敢的家庭，放手吧，家长！

你们的孩子，都不是你们的孩子，

乃是生命为自己所渴望的儿女。

他们是借你们而来，却不是从你们而来。

他们虽和你们同在，却不属于你们。

你们可以给他们爱，却不可以给他们思想，

因为他们有自己的思想。

你们可以荫庇他们的身体，却不能荫蔽他们的灵魂，

因为他们的灵魂，是住在明日的宅中，那是你们在梦中也不能想见的。

你们可以努力去模仿他们，却不能使他们来像你们，

因为生命是不倒行的，也不与昨日一同停留。

你们是弓，你们的孩子是从弦上发出的生命的箭矢，

那射者在无穷之间看定了目标，也用神力将你们引满，使他的箭矢迅速而遥远地射了出来。

让你们在射者手中的弯曲成为喜乐吧，

因为他爱那飞出的箭，也爱了那静止的弓。